Para Mis Hijos

Enseñanza espiritual de
Sri Mata Amritanandamayi

Mata Amritanandamayi Center, San Ramon
California, Estados Unidos

Para mis Hijos

Enseñanza espiritual de
Sri Mata Amritanandamayi

Publicado por:
Mata Amritanandamayi Center
P.O. Box 613
San Ramon, CA 94583
Estados Unidos

——————— *For My Children (Spanish)* ———————

Copyright © 2004 Mata Amritanandamayi
Center, P.O. Box 613, San Ramon, CA 94583
Estados Unidos

Dirección en España:
www.amma-spain.org
fundacion@amma-spain.org

En la India:
www.amritapuri.org
inform@amritapuri.org

Contenido

Introducción

La esencia de la India es su cultura de Auto Realización, su visión del ser humano capaz de alcanzar las cumbres más elevadas de la Conciencia de Dios. Occidente, desilusionado de la grandeza superficial del materialismo, recurre a las perennes filosofías de Oriente en busca de guía y refugio. Desde tiempos inmemoriales hasta nuestros días, ha habido en la India una sucesión continua de almas Auto Realizadas, que han venido al mundo para guiar a los buscadores de la Verdad hasta su meta.

Puede que nos preguntemos "¿Por qué necesitamos un guía espiritual?" ¿No podría seguir mi propio camino espiritual después de leer unos cuantos libros? Si alguien desea llegar a médico debe estudiar y seguir las instrucciones de buenos profesores. Incluso al acabar la carrera, hay que realizar prácticas

en un hospital bajo la tutela de médicos expe-
rimentados. Se necesitan muchos años para
cumplir con el sueño de llegar a ser médico.
¿Qué decir, entonces, de la aspiración de
realizar la Verdad Suprema? Si nuestro deseo
es poseer sabiduría espiritual, tenemos que
buscar verdaderos Maestros espirituales que
hayan estudiado, practicado y experimentado
la Verdad.

¿Qué distingue a un auténtico maestro
de un impostor? En presencia de un Ser
Iluminado, uno siente una tangible aura de
amor y calma. Podemos observar que el ser
inmerso en la Divinidad trata a todo el mundo
por igual, con un amor incondicional y sin
límites, independientemente de su posición
social, fortuna, raza o religión. Cada palabra
y cada acción de un verdadero Maestro van
encaminadas a que el ser humano despierte
a la espiritualidad. Un Mahatma no posee

ninguna traza de egoísmo, más bien tendrá sus brazos abiertos para recibir y servir a todos.

El ejemplo ideal de un Maestro de esta naturaleza es Mata Amritanandamayi Devi, que es reverenciada en todo el mundo como la encarnación de la Madre Universal. Este libro contiene una selección de sus enseñanzas espirituales y algunas respuestas a las preguntas que con frecuencia le plantean los buscadores espirituales. Las palabras de la Madre tienen la sencillez de una muchacha de aldea, pero también la profundidad de alguien que habla desde la Experiencia Divina. Sus consejos son universales y aplicables a nuestra vida diaria, ya seamos verdaderos aspirantes espirituales, padres de familia o escépticos.

Ante todo, las enseñanzas de la Madre nos obligan a pensar. No son floridas expresiones para deleitar a nuestra mente o intelecto. Más bien tenemos que profundizar en sus palabras, con el fin de extraer todo su significado.

Es posible que algún pensamiento parezca incompleto o insuficientemente desarrollado, pero cuando se le ha pedido a la Madre una mayor elaboración, suele decir: "Dejad que reflexionen sobre él." Lo que equivale a decir que los principios que se exponen necesitan contemplación, más que una excesiva explicación. Si somos serios respecto a la Auto Realización y nos dedicamos, con sinceridad y humildad, al estudio y práctica de estas enseñanzas, podemos alcanzar definitivamente nuestra meta. Si abrís este libro por cualquier página al azar, comprobaréis cómo las palabras de la Madre se dirigen directamente a cada uno de nosotros.

Breve descripción
de la vida de la Madre

"Desde que nací, sentí un intenso amor por el Nombre Sagrado de Dios. Repetía incesantemente el Nombre del Señor con cada respiración, y en mi mente fluía una corriente constante de pensamientos divinos, sin que importara el lugar, ni lo que estuviera haciendo. Este recogimiento continuo en Dios, con amor y devoción, podrá ser de gran ayuda a cualquier aspirante para alcanzar la realización divina."

Nacida el 27 de septiembre de 1953, en una remota aldea de la costa suroeste de la India, Sudhamani (joya de ambrosia), como fue llamada por sus padres, dio muestras de divinidad desde su nacimiento. Su tez tenía una tonalidad azul oscura, poco usual, pero semejante a las de Krishna y Kali. Sudhamani empezó a hablar la lengua materna, el malayalam, cuando apenas tenía seis meses y empezó a caminar al mismo tiempo, sin haber gateado previamente.

A los cinco años, compuso muchas canciones en honor a Sri Krishna. Estaban llenas de divino amor y mostraban un gran anhelo por su Bienamado. Los versos, aunque infantiles en su inocente sencillez, no dejaban de tener una profundidad mística y filosófica. Se hizo muy famosa en la aldea por estas canciones y por su maravillosa voz. A los nueve años abandonó la escuela porque su madre cayó enferma y no podía atender las tareas domésticas. Se levantaba antes de que amaneciera y trabajaba hasta las once de la noche. Cocinaba para toda su familia, atendía las vacas, lavaba toda la ropa, limpiaba la casa y el patio exterior, además de ayudar a los ancianos y enfermos de la aldea. Aunque las jornadas eran de intenso trabajo, si disponía de algún momento libre lo dedicaba a cantar y a rezar a su Señor Krishna.

Muy pronto empezó a tener muchas visiones divinas y experimentó el estado de *samadhi* (la unidad con Dios). Cuando tenía diecisiete años, este estado llegó a ser tan profundo que se convirtió en permanente unidad con lo Divino. Veía el mundo como una manifestación del Ser Único que todo lo impregna. La simple mención del nombre de Dios hacía que su mente se sumergiera en una profunda absorción.

En esa época, después de tener una visión, surgió en ella un fuerte deseo de realizar a la Madre Divina. Realizó severas austeridades, rechazando comida y cobijo durante algunos meses. Este periodo intenso de austeridades culminó con la aparición de la Madre Divina como un resplandor de luz divina que se fundió en ella. Después de esto Sudhamani sintió la inclinación de apartarse de la gente y pasaba la mayor parte del tiempo en soledad, disfrutando del gozo de la realización de Dios.

Sin embargo, un día escuchó una voz interior que le decía: "Hija mía, habito en el corazón de todo los seres y no tengo residencia fija. No has nacido para que disfrutes tú sola del gozo y de la paz, sino también para aliviar y consolar a la humanidad sufriente. De ahora en adelante, adórame en el corazón de todos los seres aliviándoles el sufrimiento de su existencia mundana."

Desde aquel día, Sudhamani, a quien empezaron a denominarla con reverencia como Amma o Ammachi (Madre), se dedicó al bienestar de la humanidad. Cada día, miles de personas de todo el mundo se acercan a ella para recibir su amor, consejos y bendiciones, o sencillamente para sentir su presencia. La Madre también ha establecido una amplia organización caritativa, espiritual y educativa, que incluye hospitales para pobres, orfanatos, 25.000 viviendas para personas sin hogar, residencias de ancianos, pensiones regulares para miles de mujeres míseras, comidas gratuitas, etc. Así mismo ha creado nuevos templos en toda la India. Esta manifestación práctica de la compasión de la Madre continua creciendo y expandiéndose a gran ritmo.

La Madre escucha pacientemente a todos los que acuden a contarle sus problemas. Ella los consuela, como sólo puede hacerlo una madre amorosa, pero también los alivia en su sufrimiento. La Madre nos dice: "Vienen a verme diferentes clases de personas, algunos por devoción, otros para solucionar algún problema material, curar una enfermedad, etc. No rechazo a nadie. ¿Cómo podría rechazarlos? ¿Son diferentes de la Madre? ¿Acaso no somos todos cuentas ensartadas por el mismo hilo de vida? Cada persona me ve según su nivel de comprensión. Tanto los que me aman como los que me odian, son iguales para mí."

Sobre la Madre

1

Hijos míos, la madre que os ha traído a este mundo puede cuidar de los asuntos relativos a esta vida. Actualmente, hasta esto suele ser raro. Pero el objetivo de la Madre es conduciros, de tal manera, que podáis ser felices en todas vuestras vidas futuras.

2

Duele cuando se extrae el pus de una herida, pero ¿va a dejar de hacerlo un verdadero médico solo porque sea doloroso? De forma parecida, cuando vuestras *vasanas* (tendencias innatas del pasado) son eliminadas, sentís dolor, pero es por vuestro bien. Igual que un jardinero elimina los insectos que destruyen una planta en flor, la Madre está eliminando vuestras tendencias negativas.

3

Aunque os sea fácil amar a la Madre, eso no basta. Intentad ver a la Madre en todo. Hijos míos, no penséis que la Madre está limitada solo a este cuerpo.

4

Amar realmente a la Madre significa amar por igual a todos los seres del universo.

5

El amor de los que solo aman a la Madre cuando ella les muestra afecto, no es real. Tenemos verdadera devoción cuando nos aferramos a los pies de la Madre, incluso cuando recibimos sus reprimendas.

6

Los que viven en este *ashram* y aprenden de cada una de las acciones de la Madre, serán liberados. Si se contemplan las palabras y los

hechos de la Madre, no es necesario estudiar
ni una sola Escritura.

7

La mente debe enraizarse en algo, pero esto
no es posible sin fe. Cuando se siembra una
semilla, su crecimiento externo depende
de lo arraigadas que estén sus raíces en el
suelo. Sin una profunda fe, no es posible el
crecimiento espiritual.

8

A dondequiera que vayáis, no dejéis de
repetir el mantra silenciosamente o meditar.
Si no es posible, leed libros espirituales. No
malgastéis vuestro tiempo. A la Madre no le
preocupa la pérdida de un millón de rupias,
lo que realmente le inquieta es la pérdida de
uno solo de vuestros momentos. El dinero
puede volver a ganarse, pero el tiempo pedido
nunca puede recuperarse. Hijos, sed siempre
conscientes del valor del tiempo.

9

Hijos míos, la Madre no dice que tengáis que creer en ella o en un Dios en el cielo. Basta con creer en vosotros mismos. Todo está en vuestro interior.

10

Si realmente amáis a la Madre, haced práctica espiritual y conoced vuestro Ser. La Madre os ama sin esperar nada a cambio. Le basta con ver a sus hijos disfrutando siempre de paz, ajenos al día o a la noche.

11

Solo cuando mostráis amor desinteresado, incluso hacia una hormiga, la Madre considera que la amáis verdaderamente. La Madre no valora otras clases de amor como auténtico, ni soporta el amor que surge del egoísmo.

12

La naturaleza de la Madre varía según sean vuestros pensamientos y acciones. La forma feroz del Señor como 'Narasimha' (mitad hombre, mitad león) cuando saltó rugiendo sobre el demonio rey Hiranyakasipu, se tornó pacífica en presencia de su devoto Prahlada. Dios, que es puro y está más allá de todo atributo, adoptó dos actitudes diferentes según sus acciones. De igual modo, el comportamiento de la Madre también cambia de acuerdo con las actitudes de sus hijos. La Madre, a la que veis como Snehamayi (la encarnación del amor), puede aparecer a veces como Kruramayi (la cruel). Lo hace para corregir los errores en la conducta de sus hijos, con la sola la intención de mejorarlos.

El maestro espiritual

13

Cuando sabemos en qué tienda podemos comprar todo lo que necesitamos, ¿qué sentido tiene ir preguntando por todas las tiendas del mercado? Es una pérdida de tiempo sin ningún sentido. De igual modo, cuando hemos encontrado un maestro perfecto, no hay necesidad de seguir dando vueltas; basta con hacer nuestra practica espiritual y esforzarnos en alcanzar la meta.

14

Un maestro espiritual es indispensable para un buscador. Si un niño se acerca al borde de un estanque, su madre le señalará el peligro y lo alejará de allí. De igual forma, el maestro dará las instrucciones precisas al discípulo. La atención del maestro siempre estará puesta en el discípulo.

15

Aunque Dios es omnipresente, la presencia de un maestro espiritual es única. Aunque el viento sople en todas direcciones, solo disfrutaremos de su frescura bajo la sombra de un árbol. ¿Acaso no es deliciosa la brisa entre las hojas del árbol para el que camina bajo un sol ardiente? De igual modo, los que viven bajo el calor abrasador de la existencia humana necesitan un maestro espiritual. La presencia del maestro nos da paz interior y armonía.

16

Hijos míos, el olor del excremento no disminuye por mucho que esté expuesto al sol, a menos que el viento sople sobre él. Tampoco eliminaréis los *vasanas* meditando años y años, a no ser que viváis con vuestro maestro espiritual. La gracia del maestro es necesaria. Solo en una mente inocente el maestro derramará su gracia.

17

Para avanzar espiritualmente, es necesario tener una actitud de total entrega al maestro espiritual. Cuando un niño aprende el alfabeto, el maestro sostiene sus dedos y le enseña a escribir las letras. El maestro controla el movimiento de sus dedos. Si el niño se sintiera orgulloso y dijera: "Ya lo sé todo" y no quisiera obedecer al maestro, ¿cómo iba a aprender algo?

18

Hijos míos, las experiencias son, en efecto, el gurú de cada uno. El dolor es el maestro que nos acerca a Dios.

19

Deberíamos tener *bhaya bhakti* [devoción reverente] hacia nuestro maestro espiritual.

Al mismo tiempo, debemos mantener una relación familiar con él y sentirlo como nuestro propio ser. La relación tendría que ser como la de un niño con su madre. Por mucho que la madre se aparte del niño, éste seguirá aferrándose a ella. Aunque la devoción reverente nos ayuda a progresar espiritualmente, sus auténticos beneficios se obtienen a través de una relación familiar con el maestro.

20

Hijos míos, amar sin más al maestro espiritual no destruirá vuestros *vasanas*. Necesitáis fe y devoción basadas en los principios esenciales de la espiritualidad. Para conseguirlo tenéis que esforzaros con el cuerpo, la mente y el intelecto. La fe total y la obediencia al maestro serán suficientes para erradicar los *vasanas*.

21

Si se siembra una semilla a la sombra de un árbol, cuando se convierta en retoño, será conveniente trasplantarla, pues, de otro modo, no crecerá adecuadamente. De igual manera, un aspirante debe estar con su maestro dos o tres años como mínimo. Después, debería hacer práctica espiritual en un lugar solitario. Todo esto es necesario para el crecimiento espiritual del discípulo.

22

Un auténtico maestro sólo deseará el crecimiento espiritual del discípulo. Para que éste mejore y supere sus debilidades, se verá sometido a pruebas y adversidades. El maestro puede, incluso, culpar al discípulo de errores que no ha cometido. Solo aquellos que resistan con fuerza tales adversidades, progresarán.

23

El auténtico Gurú solo puede ser conocido a través de la experiencia.

24

Un pollo incubado artificialmente no sobrevivirá, a menos que se le dé comida adecuada y un ambiente ideal, mientras que un pollo criado en el campo sobrevivirá con cualquier tipo de comida y en condiciones adversas. Hijos, los aspirantes espirituales que viven con un maestro son como los pollos de campo. Tendrán suficiente coraje para superar cualquier situación. Nada puede esclavizarlos. Siempre contarán con la fuerza adquirida por su proximidad con el maestro.

25

Un discípulo puede tener una actitud posesiva hacia el maestro, la cual no se destruye fácilmente. El discípulo puede desear el máximo de amor de su maestro. Cuando no lo consiguen, algunos llegan a injuriar al maestro e, incluso, lo abandonan. Si un discípulo quiere el amor del maestro, tiene que aprender a servir desinteresadamente.

26

La ira de Dios puede ser aplacada, pero ni siquiera Dios perdonará el pecado de despreciar al maestro espiritual.

27

Dios y el maestro espiritual están dentro de cada uno, pero en las primeras etapas de la práctica espiritual, es sumamente importante contar con un maestro externo. Cuando se ha alcanzado cierto nivel, ya no es tan necesario. A partir de entonces, el aspirante espiritual será capaz de captar los principios esenciales en todas las cosas, y, por tanto, de progresar. Hasta que un muchacho no es consciente de su meta, estudia por temor a sus padres y maestros. Cuando llega a ser

consciente de ella, estudia por propia inicia-
tiva, rechazando diversiones o reduciendo sus
horas de sueño. El temor y la reverencia que
hasta entonces sentía hacia sus padres, no
constituían ninguna debilidad. Hijos míos,
cuando amanece en vosotros la conciencia
de la meta, también despierta, de forma
espontánea, el *gurú* interior.

28

Aunque alguien desee estar en relación con
un maestro espiritual, no será aceptado hasta
que no sea considerado apto. Sin la gracia del
maestro, no se puede conocer al maestro. El
que realmente busque la Verdad tendrá que
ser humilde y sencillo. Sólo sobre esa persona
se derramará la gracia del maestro. Aquellos
que están repletos de ego no podrán acceder
realmente al maestro.

29

Hijos míos, podéis decir: 'Dios y yo somos uno y lo mismo', pero un discípulo nunca puede decir: 'Mi maestro y yo somos uno'. El maestro espiritual es quien despierta el 'Ser' divino dentro de vosotros. Esa grandeza siempre permanecerá. El comportamiento del discípulo debería ser acorde con este principio.

30

Igual que la gallina protege bajo sus alas a sus polluelos, el auténtico maestro cuidará completamente de los que vivan siguiendo sus instrucciones. El maestro les señalará hasta los más mínimos errores y los corregirá inmediatamente. No permitirá que se desarrolle ni una pizca de ego. Para podar el orgullo del discípulo, el maestro puede actuar, a veces, de forma aparentemente cruel.

31

Cuando veis a un herrero forjar con su martillo un hierro candente, podéis pensar que está siendo cruel. El hierro también puede sentir que el herrero es un bruto. Pero mientras va dando cada golpe, el herrero solo piensa en la nueva forma que está forjando. Hijos míos, así es un auténtico maestro espiritual.

Dios

32

Muchos se preguntan: '¿Hay Dios? Y si lo hay, ¿dónde está?' Preguntadles si fue primero el huevo o la gallina, o si apareció antes el coco que el cocotero. ¿Quién puede responder a esas preguntas? Más allá del coco y el cocotero existe un poder que actúa como sustrato de ambos, un poder que está más allá de las palabras. Eso es Dios. Hijos míos, esa causa primordial de todo, es lo que llamamos Dios.

33

Hijos, negar la existencia de Dios es como utilizar vuestra lengua para decir 'No tengo lengua'. Al igual que un árbol está contenido en una semilla y la mantequilla forma parte de la leche, Dios reside en todas las cosas.

34

Aunque un árbol está latente en una semilla, solo podrá germinar la semilla si tiene la humildad suficiente para permanecer bajo tierra. Tiene que haber una actitud de humildad. Para que el huevo madure, tiene que ser incubado con una gran dosis de paciencia. La mantequilla sólo puede ser separada de la nata cuando la leche permanece quieta, se cuaja y se bate. Aunque Dios es omnipresente, hay que realizar un arduo esfuerzo para llegar a realizarlo.

35

Dios no se manifiesta si hay ego o prevalece el egoísmo. Si, gracias a nuestras sinceras plegarias, Dios se acerca unos centímetros, el egoísmo hará que se aleje de nosotros mil metros. Se puede saltar dentro de un pozo en un segundo, pero salir de él será difícil. De igual modo, la gracia de Dios, que es difícil obtener, se puede perder en un momento.

36

Hijos, aunque se haga penitencia durante muchas vidas, no es posible la Auto Realización sin un amor inocente y un gran anhelo por el Ser Supremo.

37

Una mujer es vista como hermana por su hermano, como esposa por su marido y como hija por su padre. Pero no importa cómo la vea cada uno, pues ella es la misma persona. De igual modo, Dios es solo uno, aunque cada persona lo conciba de diferente manera, según sea su actitud.

38

Dios puede adoptar cualquier forma. Si modelas una figura con barro —por ejemplo, un elefante o un caballo— el barro seguirá

siendo barro. Diferentes formas están latentes en el barro. Igualmente, se pueden tallar
diferentes figuras de un trozo de madera. Pero
en el fondo es sólo madera. De igual modo,
Dios es omnipresente y no tiene atributos,
pero se revela a Sí mismo de acuerdo con
vuestra actitud.

39

Hijos míos, igual que el agua se convierte
en hielo y, después se funde de nuevo para
convertirse en agua, así Dios, por propia
Voluntad, puede adoptar cualquier forma
y volver a su naturaleza original.

40

El agua que fluye en distintas direcciones
puede ser almacenada, si construimos un
pantano. Y se puede generar electricidad con
la fuerza de una cascada así producida. De
forma parecida, si la mente, que ahora anda
vagando entre diferentes objetos sensoriales,

se entrenara para concentrarse, la Visión de
Dios puede obtenerse mediante el poder de
esa concentración.

41

Hijos míos, una vez refugiados en Dios, no
tenemos nada que temer. La voluntad de Dios
cuidará de todo. Los niños juegan al pilla-
pilla, en el que un niño tiene que atrapar a
los otros intentando tocarlos. Todos corren
para evitar ser tocados, pero si uno de ellos
toca un determinado árbol, queda salvado
y no se le puede pillar. De igual modo, si
nos amparamos en Dios, nadie nos puede
hacer daño.

42

Cuando una persona mira el retrato de su
padre, no piensa en el artista que lo pintó
o fotografió, sólo recuerda a su padre. En el
mismo sentido, un devoto ve a Dios, el Padre
y la Madre Universal, en imágenes sagradas.

Un ateo podría decir que a quien hay que adorar es al escultor, y no a la imagen pero, si se expresa así, es solo porque no tiene ningún concepto de Dios ni de los principios que sustentan la adoración de imágenes.

43

No tiene sentido culpar a Dios por la maldad ni por los problemas del mundo. Dios nos muestra el camino correcto a seguir, y no es el responsable de las desdichas que generamos por no seguirlo. Una madre le dice a su hijo que no se suba al borde de un pozo o que no toque el fuego. Si el hijo cae en el pozo o se quema una mano por ignorar los consejos de su madre, ¿por qué culpar a la madre?

44

Aquellos que dicen: 'Dios lo hará todo' y se sientan a esperar, son unos holgazanes. La inteligencia que nos ha dado Dios es para que hagamos las cosas con discernimiento.

Si decimos que Dios lo hará todo, ¿para qué sirve nuestra inteligencia?

45

Algunos argumentarán: 'Si todo procede de la Voluntad de Dios, ¿no será Dios también el que nos hace cometer errores?' Pero decir eso carece de sentido. La responsabilidad de toda acción que hagamos desde el ego, recae sobre nosotros y no sobre Dios. Si creemos realmente que Dios es el que nos hace cometer un delito, también tendríamos que aceptar la sentencia del juez como proveniente de Dios. ¿Estaremos dispuestos a aceptarla?

46

Hijos míos, la Realización de Dios y la Auto Realización son la misma cosa. La capacidad para amarlo todo, la amplitud de miras y la ecuanimidad; eso es la Realización de Dios.

47

Aunque nos amaran todos los seres del mundo, no sentiríamos ni una milésima parte de la felicidad que supone saborear durante un segundo el Amor de Dios. Es tan grande la felicidad que nos da su amor, hijos míos, que no se puede comparar con nada.

48

Solo porque no veáis a Dios, ¿vais a decir que no hay Dios? Muchas personas no han visto nunca a sus abuelos, ¿van a decir por ese motivo que su padre no tuvo padre?

49

De niños, hacemos innumerables preguntas y lo aprendemos casi todo de nuestra madre. Cuando crecemos, contamos los problemas a nuestros amigos. De adultos confiamos en nuestra pareja. Este es nuestro *samskara* [disposición interior] que conviene cambiar. Debemos compartir nuestros sufrimientos

con alguien para poder crecer. Dejemos que
sea Dios nuestro compañero y confidente.

50

El amigo de hoy puede ser el enemigo de
mañana. Dios es el único amigo en el que
realmente podemos confiar y refugiarnos.

51

¿Gana algo Dios porque creamos en Él?
¿Acaso necesita el sol la luz de una vela? Sólo
el creyente se beneficia de su fe. Cuando
tenemos fe y adoramos a Dios en un templo,
siendo testigos del alcanfor que arde como
una ofrenda a Dios, somos nosotros mismos
los que experimentamos concentración y paz.

52

Los seguidores de las diferentes religiones
tienen costumbres y lugares de adoración
distintos, pero Dios es uno y el mismo. Aunque a la leche se le llama '*pal*' en malayalam

y '*dhud*' en hindi, su calidad y color no cambian. Los cristianos llaman a Dios con el nombre de Cristo, y los musulmanes lo llaman Alá. La forma de Sri Krishna no es igual en Kerala que en el Norte de la India, donde se le representa llevando un turbante. Cada persona entiende y adora a Dios según su propia cultura y puntos de vista. Las encarnaciones divinas han descrito al mismo Dios de distintas formas, de acuerdo con las necesidades de cada época y su cultura.

53

Para elevaros desde la identificación con el cuerpo hasta el nivel del Ser Supremo, tenéis que sentir la misma desesperación por vivir que la que siente una persona atrapada en una casa en llamas o de alguien que está ahogándose y no sabe nadar. Un buscador con tal intensidad, no tendrá que esperar mucho para obtener la Visión de Dios.

54

Hijos, cuando perdemos la llave acudimos al cerrajero para que nos abra la puerta. De la misma manera para abrir la cerradura de los sentimientos de atracción y repulsión debemos buscar la llave que está en las manos de Dios.

55

Dios es el sustrato de todo. Nuestra fe en Dios hará florecer el amor. De este amor surge el sentido de rectitud (*dharma*), seguido por un sentimiento de justicia. Entonces experimentaremos paz. Deberíamos estar tan ansiosos de aliviar el sufrimiento ajeno como lo estaríamos de aplicar ungüento sobre nuestra mano quemada. Esta cualidad puede ser desarrollada a través de la fe plena en Dios.

Mahatmas

Grandes Almas

56

"El mismo Ser que mora en todos los seres, también mora en mí. Nada es diferente ni está separado de mí. Los sufrimientos y las dificultades de los demás son también míos." El que percibe esto a través de su propia experiencia es un *jñani* [persona sabia].

57

La diferencia entre una encarnación divina y una alma individual liberada, puede ser comparada con la diferencia que hay entre un cantante que ha nacido con talento para la música y el que recientemente ha aprendido a cantar. El primero puede ser un experto en una canción con solo oírla una vez, mientras que el segundo tardará más tiempo en aprenderla.

58

Dado que todo es parte de Dios, cada persona es una encarnación divina. Aquellos que no saben que son una parte de Dios y piensan: 'Yo soy el cuerpo. Esta es *mi* casa, *mi* propiedad', son *jivas* [almas individuales].

59

El descenso de Dios en forma humana se denomina *avatar* [encarnación divina]. El *avatar* tiene un sentido de plenitud que otros no tienen. Dado que el *avatar* es uno con la naturaleza, su mente no es lo que usualmente llamamos 'mente'. Todas las mentes forman parte de esta Mente Divina. El avatar es la mente universal. Está más allá de toda oposición, como pureza e impureza, alegría y sufrimiento.

60

No hay limites para una encarnación divina. Un *avatar* en Brahman [el Ser Absoluto] es como un iceberg en el Océano. Todo el Poder de Dios no puede estar confinado en un cuerpo humano de un metro sesenta o setenta de estatura, pero Dios puede trabajar a su voluntad a través de ese pequeño cuerpo. De ahí el carácter único de una encarnación divina.

61

Las encarnaciones divinas son una gran ayuda para acercar a las personas a Dios. Es solo por nuestro bien que Dios asume una forma. Un *avatar* no es el cuerpo, aunque nos lo pueda parecer a nosotros.

62

A cualquier lugar al que un *mahatma* va, se congrega gente a su alrededor. Las personas se sienten atraídas hacia el *mahatma*, como el polvo por un remolino de aire. Su respiración y hasta la misma brisa que roza su cuerpo, benefician al mundo.

63

Hijos míos, Jesús fue crucificado y Sri Krishna murió atravesado por una flecha. Sucedió así por propia voluntad. Nadie puede acercarse a una encarnación divina en contra de su voluntad. Krishna y Cristo podían haber reducido a cenizas a los que se les opusieron, pero no lo hicieron. Asumieron un cuerpo sólo para dar ejemplo al mundo. Vinieron para demostrar el significado del sacrificio.

64

Un *sannyasin* [monje] es aquel que ha renunciado a todo. Soportará y perdonará la maldad y los errores de los demás y los conducirá con amor hacia la senda correcta. Dará ejemplo de auto-sacrificio. Se sentirá siempre dichoso, pues no depende de los objetos externos para su felicidad. Un *sannyasin* se deleita en su propio Ser.

65

El que camina sosteniendo la mano de un niño, lo hace suavemente, con pasos cortos para que el niño no tropiece y caiga. De igual modo, para motivar espiritualmente a la gente debemos descender a su nivel. Un buscador nunca debería sentirse orgulloso, pensando: 'Soy un *sannyasin*', sino más bien convertirse en ejemplo para el mundo.

66

En su vida, Sri Krishna desempeñó muchos papeles: pastor de vacas, rey, mensajero, padre de familia y auriga. No permaneció aislado en una torre de marfil diciendo: 'Soy el Rey'. Krishna enseñó cómo se puede guiar a una persona caminando junto a ella de acuerdo con su *samskara* [disposición mental]. Sólo estas grandes almas pueden conducir al mundo.

67

Algunos se ponen la túnica ocre y orgullo-
samente declaran: 'Soy un *sannyasin*.' Son
como la colocasia salvaje [hierba de tubérculos
comestibles]. Tanto la variedad salvaje como
la de cultivo tienen una apariencia similar,
pero la primera no tendrá tubérculos cuando
se arranque. El ocre es el color del fuego. Solo
aquellos que han quemado su conciencia del
cuerpo están preparados para llevar prendas
de ese color.

Escrituras

68

Hijos míos, las Escrituras manifiestan las experiencias de los *rishis* [visionarios Auto-Realizados]. No pueden ser captadas a través del intelecto. Sólo pueden ser realizadas a través de la experiencia.

69

No necesitamos aprender todas las Escrituras, que son tan extensas como el océano. Solo necesitamos recoger la esencia de sus principios espirituales, como si cogiéramos perlas del mar. La persona que mastica la caña de azúcar se traga el jugo y desecha su fibra.

70

Sólo aquellos que han hecho práctica espiritual pueden captar los sutiles matices de las Escrituras.

71

El estudio sin más de las Escrituras no nos conducirá a la perfección. Para curar una enfermedad, no basta con leer el prospecto de un medicamento, hay que tomar la medicina. La liberación no se alcanza estudiando simplemente las Escrituras. La práctica es esencial.

72

Meditar y estudiar las Escrituras es mejor que meditar sin apoyarse en el conocimiento de las mismas. Cuando la mente se agita, el que tiene un bagaje de conocimientos de las Escrituras, puede recuperar fuerzas reflexionando en las palabras contenidas en las Escrituras. Las palabras de las Escrituras le ayudarán a superar su debilidad. Únicamente aquellos que combinan la práctica espiritual con el estudio de las Escrituras pueden servir al mundo desinteresadamente.

73

El estudio de las Escrituras es necesario hasta cierto grado. El que ha estudiado agricultura puede fácilmente plantar y cultivar un cocotero. Si aparece el síntoma de alguna enfermedad, podrá aplicar el remedio apropiado y sabrá cómo tratar al árbol.

74

Por el simple hecho de dibujar un cocotero, no vamos a saciar nuestra sed. Para tener cocos, primero tenemos que plantarlos y dejar que madure el retoño del cocotero. De igual forma, para experimentar todo lo que se describe en las Escrituras, tenemos que hacer práctica espiritual.

75

El que pierde su tiempo aprendiendo sin más las palabras de las Escrituras y no hace ninguna práctica espiritual, es como un loco que intenta vivir sobre los planos de una casa.

76

Si se conoce la ruta, el viaje será fácil y llegaremos a nuestro destino rápidamente. Hijos míos, las Escrituras son los mapas de carretera que nos muestran el camino de nuestra meta espiritual.

77

El que ha elegido la vida espiritual no tendría que dedicar más de tres horas al día al estudio de las Escrituras. El resto del tiempo debería emplearlo repitiendo el mantra y meditando.

78

Una excesiva indulgencia en el estudio de las Escrituras, dificulta vuestra capacidad para meditar. El deseo de enseñar a la gente estará siempre presente en vuestra mente. Pensaréis: 'Soy Brahman (el Ser Supremo), ¿para qué voy a meditar?' Aunque intentéis sentaros a meditar, la mente os lo impedirá y os obligará a levantaros.

79

Hijos míos, ¿qué conseguís dedicando toda la vida al estudio de las Escrituras? Nadie se come un saco de azúcar para conocer su sabor, le basta con una pizca.

80

Un grano en el granero cree que es autosuficiente, y piensa: '¿Para que voy a dejarme sembrar bajo tierra?' Ese grano no se da cuenta de que tiene que salir del granero y germinar para poder multiplicarse y ser de utilidad a los demás. Si permanece en el granero solo servirá para alimentar a las ratas. Los que estudian las Escrituras sin hacer ninguna práctica espiritual son como el grano en el granero. Sin hacer ninguna práctica espiritual, ¿cómo van a poder usar ese conocimiento adecuadamente? Esas personas son como loros, solo saben repetir: 'Soy Brahman, soy Brahman.'

Jnana, bhakti y karma yoga

Los senderos del Conocimiento, la Devoción y la Acción.

81

A una persona le puede gustar comer la fruta fresca, a otra cocida y a una tercera asada. Aunque difieran los gustos, el propósito es apaciguar el hambre. Del mismo modo, cada persona sigue diferentes caminos para conocer a Dios. Hijos míos, cualquiera que sea el camino elegido para viajar, la meta es la misma: la Realización de Dios.

82

La devoción sin una adecuada comprensión de la esencia de la espiritualidad sólo puede conducir a la esclavitud, no os podrá otorgar la liberación. La enredadera del jazmín no crece hacia arriba, solo se extiende hacia los lados para sujetarse a otras plantas.

83

El conocimiento sin devoción es como masticar piedras.

84

Tener una devoción verdadera arraigada en la esencia de la espiritualidad significa refugiarse en el Único Dios —quien se manifiesta en todo— con amor desinteresado y dejando de pensar que hay muchos dioses. Debemos avanzar teniendo clara la meta en la mente. Si queréis ir al Este, no tiene sentido que viajéis hacia el Oeste.

85

Hijos míos, la meta de la vida es la Auto Realización. ¡Esforzaos por conseguirla! Sólo se aplica pomada sobre una herida cuando ha sido bien lavada, pues de otro modo, no se curaría y podría infectarse. De igual forma, sólo después de haber limpiado el ego a través de la devoción y el amor se puede impartirse el conocimiento supremo. Es entonces cuando se desarrollará la espiritualidad.

86

La mantequilla no se pone rancia si se derrite. Si rehúsa a derretirse, diciendo con orgullo: "Yo soy la mantequilla", con el tiempo olerá mal. Hijos míos, sólo a través de la devoción podemos deshacer el ego y otras impurezas.

87

Algunas personas le preguntan a Amma por qué da tanta importancia al *bhakti yoga* [el sendero de la devoción y el amor]. Hijos míos, hasta Shankaracharya, que estableció el *advaita* (la filosofía de la no-dualidad), escribió textos devocionales, los *Soundarya Lahari*. El sabio Vyasa, que compuso los *Brahma Sutras*, solo se sintió contento después de escribir el *Srimad Bhagavatam*, que glorifica la vida de Sri Krishna. Al percatarse de que el *advaita* y la filosofía de los *Brahma Sutras* tenían poca utilidad para la gente corriente, Shankaracharya y Vyasa compusieron sus obras devocionales. Solo una o dos personas de mil, pueden ser capaces de alcanzar la meta a través de *jnana yoga* [el sendero del conocimiento y la sabiduría]. ¿Va a descartar la Madre al resto de buscadores espirituales? Para ellos, únicamente el sendero de la devoción les será beneficioso.

88

Si seguimos el sendero de la devoción y el amor, podremos saborear los frutos de la bienaventuranza desde el inicio, mientras que en los otros senderos sólo se pueden saborear hacia el final. El sendero de la devoción es como el *jackfruit* [árbol de fruta tropical] que da frutos desde la misma base. En los demás árboles hay que trepar hasta la cima para coger sus frutos.

89

Al principio, necesitamos tener *bhaya bhakti* [devoción con cierto temor y veneración] hacia Dios. Más adelante, no es necesario. Cuando se alcanza el estado de Amor Supremo, desaparece la parte de temor y veneración.

90

Todos dicen que basta con la acción. Sin embargo, es necesario el conocimiento para llevar a cabo una acción correctamente. La acción sin conocimiento no será correcta.

91

Las acciones hechas con gran atención os conducirán a Dios. Prestad atención y manteneros en alerta, pues sólo entonces conseguiréis concentración. A menudo nos damos cuenta de que deberíamos haber puesto más atención, una vez finalizada la acción. Por ejemplo, al salir de un examen, podemos pensar: 'Tenía que haber contestado de esta

otra manera'; pero, ¿de qué sirve lamentarse
después?

92

Hijos míos, cada acción se debería hacer
prestando gran atención. Las acciones que
se hacen sin cuidado, carecen de sentido.
Un aspirante espiritual puede recordar los
detalles de acciones que realizó años atrás,
debido a la gran atención que puso al hacer-
las. Cuando llevemos a cabo alguna acción,
aunque sea aparentemente trivial, pongamos
mucha atención.

93

Una aguja puede parecer insignificante, pero
si la utilizáis lo haréis con sumo cuidado; pues
de otro modo no seréis capaces de pasar el
hilo por el ojo de la aguja. Si nos distraemos
un momento, podemos pincharnos con la
aguja. Al dejar una aguja, cuidamos de que
nadie pueda pincharse. Un aspirante espiritual

debería poner esa misma atención cuando esté haciendo cualquier trabajo.

94

No deberíamos hablar mientras trabajamos, pues disminuye la concentración. Y trabajar sin concentración o atención es inútil. No olvidéis repetir el *mantra* mientras hacéis vuestro trabajo. Si el tipo de trabajo no os permite repetir el *mantra*, orad antes de empezar: 'Señor, voy a hacer Tu trabajo en virtud de Tu poder. Por favor, dame la fuerza y capacidad necesaria para hacerlo bien.'

95

Pocos son los que tienen la disposición interior, heredada de vidas pasadas, de seguir el sendero del *jnana* [conocimiento supremo y sabiduría]. Sin embargo los que tienen un auténtico maestro espiritual pueden seguir cualquier sendero.

96

Primero de todo, es necesario estar en alerta y conciencia externas. Mientras no lo consigas, te será imposible conquistar tu naturaleza interna.

97

Una persona que piensa constantemente en Dios mientras hace cualquier actividad es un auténtico *karma yogui* y un verdadero buscador. Esas personas ven a Dios en cualquier trabajo que hagan. Sus mentes no están puestas en el trabajo, sino que descansan en Dios.

Pranayama

Ejercicios yóguicos de respiración

98

El *pranayama* debería practicarse con sumo cuidado. Mientras se realizan los ejercicios hay que sentarse con la espina dorsal recta. Normalmente, las enfermedades pueden ser tratadas y curadas, pero no sucede así con los desórdenes causados por la práctica incorrecta del *pranayama*.

99

Cuando se practica *pranayama*, se produce un movimiento en los intestinos de la zona abdominal baja. Los ejercicios tienen una duración específica, y si se altera esa duración, el sistema digestivo puede sufrir daños irreparables y la comida pasará sin ser digerida adecuadamente. Por lo tanto, el *pranayama* sólo debería practicarse bajo la guía directa de

un experto que conozca lo que debe hacerse
en cada estadio del progreso espiritual, que
pueda dar las instrucciones adecuadas y
también las hierbas medicinales apropiadas
en caso necesario. Si se práctica *pranayama*
basándose en la lectura de libros, puede
resultar peligroso. Nadie debería hacerlo de
ese modo.

100

Hijos míos, el número de veces que hay
que practicar *pranayama* depende del nivel
alcanzado. Si no lo hacemos así, puede ser
peligroso. Sería como intentar llenar un saco
de cinco kilos con diez kilos de arroz.

101

Kumbhaka es la quietud de la respiración
que ocurre cuando estas realmente concen-
trado. Podría decirse que la respiración en
sí es pensamiento. De hecho, el ritmo de

la respiración cambiará de acuerdo con la concentración de la mente.

102

Sin practicar *pranayama*, también se puede producir *kumbaka* (la respiración aquietada) gracias a la devoción. Basta con repetir el mantra continuamente.

Meditación

103

La auténtica educación o conocimiento es hacer que la mente se concentre.

104

Se puede meditar concentrando la atención en el corazón o en el entrecejo. Si sois incapaces de sentaros cómodamente en una postura determinada, podéis meditar fijando vuestra atención en el corazón. La meditación centrada en el entrecejo es para practicarla, únicamente, en presencia de un maestro, pues durante esta meditación, la cabeza puede aumentar su temperatura, produciendo dolores de cabeza y mareos. A veces, también se puede padecer insomnio. El maestro sabe qué es lo que debe hacerse en tales ocasiones.

105

La meditación nos ayuda a liberar la mente de tensiones e inquietudes. Para meditar, no es necesario creer en Dios. La mente puede ser fijada en cualquier parte del cuerpo o en un punto determinado. También podéis imaginar que os fundís en el Infinito, como el río se une con el mar.

106

La felicidad se alcanza con la disolución de la mente, y no a través de los objetos externos. A través de la meditación no sólo se alcanza la dicha, sino también longevidad, vitalidad, salud, encanto, fuerza e inteligencia. Pero debería practicarse adecuadamente, en soledad y prestando atención.

107

Es posible conseguir concentración y pureza mental cuando se medita en una de las formas de Dios. Aunque no seamos conscientes de ello, las cualidades puras (*sáttvicas*) de nuestra Bienamada Deidad se desarrollarán en nosotros. No permitáis que la mente vague ociosa, ni siquiera cuando estéis tranquilamente sentados. Allí donde dirijáis la mirada, imaginad la forma de vuestra Bienamada Deidad.

108

Si preferís meditar en una llama, está bien. Sentaos en una habitación oscura y mirad durante un rato la llama de una vela o cualquier otra llama pequeña. La llama debe mantenerse firme. Podéis meditar situando esa llama en el corazón o en el entrecejo. Después de mirarla durante un rato, podéis seguir viendo la llama cuando cerréis los ojos. Además podéis concentraros en esa luz. También podéis meditar imaginando que vuestra Bienamada Deidad está de pie en la llama. Pero es incluso mejor visualizar a la Amada Deidad de pie en un fuego purificador, porque entonces puedes imaginar que les das tu ego, rabia, celos y todas tus cualidades negativas a tu Bienamada Deidad para que las queme en el fuego purificador.

109

No dejéis de meditar porque la forma no sea clara. Imaginad que veis cada parte de la Bienamada Deidad dentro de vosotros, empezando por los pies y ascendiendo hasta llegar a la cabeza. Dad a la Deidad un baño ritual. Adornad a la Deidad con vestidos y ornamentos. Alimentadla con vuestras manos. A través de estas visualizaciones, la forma de vuestra Bienamada Deidad no desaparecerá de la mente.

110

Hijos míos, forzar a la mente para que medite es igual que intentar sumergir un trozo de madera en el mar. Cuando dejamos de presionar con la mano, la madera asciende

inmediatamente. Si no podéis meditar, repetid
vuestro mantra, pues a través de esa práctica
la mente se torna dócil para la meditación.

111

Al principio, la meditación sobre una forma
es necesaria. Al meditar en una forma, fijamos
nuestra mente en la Bienamada Deidad.
Cualquiera que sea el modo y el objeto de
la meditación, lo importante es la concentración. ¿Qué sentido tiene colocar sellos en
una carta si no escribimos la dirección? Lo
mismo sucede cuando repetimos el mantra
o meditamos sin la necesaria concentración.

112

Cuando tratamos de eliminar los pensamientos negativos, empiezan a causarnos
problemas. Antes, cuando los consentíamos,
no resultaban molestos. Ahora, al cambiar
nuestra actitud, nos hemos vuelto conscientes
de nuestra negatividad. Los pensamientos

negativos han estado siempre ahí, pero
no los notábamos. Si aparecen durante la
meditación, debemos discernir del siguiente
modo: 'Oh, mente, ¿cuál es la utilidad de
sumergirte en esos pensamientos? ¿Es tu
meta pensar en esas cosas?' Deberíamos
utilizar el discernimiento de esa manera.
Hay que desarrollar un total desapego de
los pensamientos y objetos mundanos. Para
que pueda crecer el amor a Dios hay que
cultivar el desapego.

113

Hijos míos, si sentís sueño cuando estéis meditando, tened cuidado para no sucumbir a la
esclavitud de la apatía. Cuando sintáis sueño,
levantaos y caminar recitando vuestro mantra.
Entonces los *tamas* [letargos] se alejarán. En
los primeros estadios de meditación, todas las
cualidades tamásicas saldrán a la superficie.
Si estáis atentos, desaparecerán con el tiempo. Cuando sintáis sueño, recitad el mantra

usando un *mala* (rosario). Sostenedlo cerca del pecho, recitando el mantra pausadamente, con atención. Cuando meditéis no os apoyéis en nada ni mováis vuestras piernas.

114

Dondequiera que estemos, sentados o parados, la columna vertebral debe mantenerse siempre erguida. No meditéis con la espalda encorvada. La mente es un ladrón que está siempre esperando una oportunidad para esclavizaros. Si nos apoyamos en algo, nos dormiremos sin apenas darnos cuenta.

115

Se requiere un mínimo de tres años para que la forma de vuestra meditación quede bien fijada en el interior. Al principio, mirando la imagen de vuestra Bienamada Deidad, debéis esforzaos para conseguir concentración. Después de dedicar diez minutos a mirar la forma de vuestra meditación, podéis meditar otros diez minutos con los ojos cerrados. Si practicáis de este modo, a su debido tiempo, la forma se hará clara en vuestro interior.

116

Si la forma se desvanece de vuestra mente durante la meditación, intentad visualizarla de nuevo. También podéis imaginar que atáis y desatáis la cuerda de *japa* [repetición del mantra] alrededor de vuestra Bienamada Deidad, de la cabeza a los pies y de los pies a la cabeza. Esto os ayudará a fijar vuestra mente sobre la forma.

117

Hablar después de la meditación es como gastar todo el dinero ganado con esfuerzo en cacahuetes. El poder adquirido a través de la meditación se perderá completamente.

118

Por la noche, la atmósfera está en calma pues quedan sumidas en el sueño las aves, los animales y las personas. De noche disminuyen las ondas de los pensamientos mundanos. Las flores se abren al despuntar el alba. La atmósfera activa la energía de manera única. Si la meditación se realiza en ese momento, la mente se concentra fácilmente y permanece absorta en meditación más tiempo. La noche es el momento elegido por los yoguis para permanecer despiertos.

119

Cuando meditamos en una forma, estamos realmente meditando sobre nuestro verdadero Ser. Al mediodía cuando el sol está sobre nuestras cabezas, no hay sombra. La meditación en una forma se parece a esto: cuando alcanzamos un cierto nivel, la forma de nuestra meditación desaparece y quedamos inmersos en Eso. Una vez alcanzado el estado de perfección, ya no hay sombra, ni dualidad, ni ilusión.

El mantra

120

Si creéis que los *mantras* no tienen poder, entonces tampoco lo tienen las palabras. Si alguien enfadado le dice a otra persona: "¡Vete!", tendrá diferente efecto que si se le pide amablemente: "Por favor, márchate." ¿No crean estas palabras diferentes reacciones en el oyente?

121

Recitamos un *mantra* para purificar nuestra mente, y no para satisfacer a Dios, pues ¿cómo va a beneficiar a Dios un *mantra*?

122

No perturbéis al intelecto reflexionando sobre el significado del *mantra*, basta con recitarlo. Quizá venís al *ashram* en autobús, en coche, en barca o en tren, pero una vez que habéis llegado, ¿perdéis el tiempo pensando en el vehículo utilizado? Ser conscientes de la meta es todo lo que se necesita.

123

Hay varios tipos de *diksha* [iniciación]: *diksha* a través de la mirada de un *mahatma*, de su toque, de su pensamiento o por medio de un *mantra*. La iniciación con el *mantra* debería recibirse de un *satgurú* (maestro realizado). Si el maestro es falso, el resultado será como utilizar un filtro sucio para purificar agua: el agua se volverá incluso más impura.

124

Hijos míos, aunque hayáis comprado el billete y subido al autobús, estad atentos. Guardad el billete en un lugar seguro. Si no se lo mostramos al revisor, éste nos hará bajar. De igual modo, porque se os haya dado un *mantra*, no penséis que vuestra responsabilidad acaba ahí. Solo si lo utilizáis adecuadamente, os llevará a la meta.

125

Hijos míos, resulta difícil remar con una barca entre plantas acuáticas. La barca avanzará más fácilmente si quitamos las plantas. De igual modo, os será más fácil meditar si, recitando el *mantra*, elimináis las impurezas de la mente.

126

Es importante recitar el *mantra* con conciencia. Mientras repetís el *mantra*, evitad los demás pensamientos. Fijad la mente en la forma de vuestra meditación o en las letras del *mantra*.

127

Hijos, repetid siempre el *mantra*. La mente debería estar entrenada para repetir el *mantra* continuamente. De esa forma, no importará lo que estemos haciendo, pues la mente seguirá recitando el *mantra*. Una araña va tejiendo su tela allí por donde vaya. De igual manera, continuad haciendo *japa* mentalmente mientras hacéis cualquier acción.

128

Por mucho que alimentemos a un gato y lo acariciemos, tan pronto nos distraigamos robará comida. La mente también actúa así. Para dominar y concentrar la mente repetid siempre el *mantra* mientras caminéis, estéis sentados o trabajando. El *mantra* debería fluir incesantemente, como el aceite que pasa de un recipiente a otro.

129

En las etapas iniciales de vuestra practica espiritual, además de la concentración en la forma, también es necesario repetir un *mantra*. No os preocupéis si la forma no aparece clara en vuestra mente, seguid recitando el *mantra*. A medida que se progrese, la mente quedará fija en la forma y la repetición del *mantra* disminuirá de una manera natural.

130

Hijos míos, no es necesario repetir todos los diversos *Sahasranamas* [*Sahasranama* es una recopilación de nombres que describen los diferentes aspectos de una deidad]. Basta con uno de ellos, pues todo está contenido en cada *Sahasranama*.

131

Hijos míos, repetid vuestro *mantra* cuando la mente esté inquieta, pues de otro modo aumentará vuestra inquietud. Cuando la mente no está en calma busca en los objetos externos, y si un objeto no le satisface, va en busca de otro. Los objetos externos no pueden daros la paz. Solo la concentración en Dios y el recitado de vuestro *mantra* pueden restaurar el sosiego de la mente. También os ayudará la lectura de libros espirituales.

132

Los niños aprenden a contar utilizando un ábaco. Con este método aprenden rápidamente. De igual forma, cuando al principio aprendemos a controlar la mente, conviene utilizar un *mala* [rosario] para repetir el *mantra*. Más adelante, no hay necesidad de utilizar un *mala*. Si repetís el *mantra* continuamente, llegará a formar parte de vuestra forma de ser. Incluso continuaréis repitiendo el mantra durante el sueño, sin que os deis cuenta.

133

Por mucho que meditemos y repitamos el *mantra*, si no amamos a Dios, nuestra práctica espiritual será infructuosa. Por mucho esfuerzo que hagamos por remar a contracorriente, sólo avanzaremos unos centímetros, pero si colocamos las velas de nuestra barca a favor de la corriente, alcanzaremos una gran velocidad.

El amor a Dios es como el velamen que nos ayuda a avanzar con gran rapidez hacia la meta. De esta forma, alcanzaremos la meta más fácilmente.

Canciones devocionales

134

En este *Kaliyuga* [era oscura del materialismo] resulta muy efectiva la repetición de un *mantra* y cantar canciones devocionales. El mismo dinero que se ganaba por vender miles de acres de tierra en tiempos antiguos, se puede conseguir ahora vendiendo un solo acre. Esta es una característica de *Kaliyuga*. Incluso conseguir cinco minutos de meditación, hijos míos, es ciertamente un gran logro.

135

Al anochecer, cuando el día y la noche se encuentran, la atmósfera está llena de vibraciones impuras. Para un buscador ese es el mejor momento para meditar, ya que se puede alcanzar una buena concentración. Si no realizáis práctica espiritual a esa hora del día, surgirán muchos pensamientos mundanos. Por esa razón se dice que las canciones devocionales deberían ser cantadas, con fuerza, al anochecer. El canto purificará a los que cantan y a la atmósfera.

136

Dado que la atmósfera en esta era de *Kaliyuga* está llena de sonidos, es mejor cantar canciones devocionales que meditar para concentrarse. Para la meditación se precisa un ambiente silencioso. Por este motivo, el canto de *bhajans* es más efectivo. Al cantar en voz alta, podemos lograr que no nos distraigan otros sonidos y llegar a concentrarnos. La concentración es previa a la meditación. Por tanto, el orden a seguir sería cantar *bhajans*, concentración y luego, meditación. Hijos míos, meditar es recordar constantemente a Dios.

137

Cantar canciones devocionales sin concentración es una pérdida de energía. Si se cantan con la mente centrada en ellos, serán beneficiosos para quienes los cantan, para quienes los escuchan y también para la naturaleza. Con el tiempo, los cantos devocionales ayudan a despertar la mente del que los escucha.

Votos y otras prácticas espirituales

138

Hijos míos, igual que la costa frena las olas del mar, la observancia de votos en el camino espiritual controla las olas de la mente.

139

En determinados días (por ejemplo, *ekadasi* y los días de luna llena.), hay más vibraciones negativas en la atmósfera. En esos días conviene observar voto de silencio y comer sólo fruta. Las frutas cubiertas de piel o cáscara apenas si se afectan por las impurezas del medio ambiente. En esos días es muy importante hacer práctica espiritual. Deberíamos intentar, entonces, conseguir más concentración, tanto si nuestros pensamientos son espirituales como mundanos.

140

A un buscador espiritual le conviene purgar su estómago, al menos, dos veces al mes. Las heces acumuladas en el intestino crean agitación y negatividad mental. Al purgarnos, limpiamos no sólo el cuerpo sino también la mente.

141

Un día a la semana, haced voto de silencio y comed solo fruta. Dedicad todo el día a meditar y a recitar vuestro mantra. Todo esto será beneficioso para el cuerpo, la mente y vuestra práctica espiritual.

142

A un buscador que haga práctica espiritual regularmente le conviene ayunar de vez en cuando. De esta forma entrenará su cuerpo y mente para la meditación. Los que meditan y trabajan a la vez, no deberían hacer ayuno completo. Sólo comer lo necesario, especialmente fruta.

143

Un buscador debería tener sumo cuidado al hablar. Tiene que hacerlo con moderación y en voz baja para que, de este modo, el oyente solo pueda oírlo cuando su mente y sus sentidos estén muy atentos.

144

Hijos míos, un enfermo debe seguir ciertas pautas y consejos para curarse. Un buscador espiritual también debería ponerse ciertas limitaciones hasta alcanzar la Meta. Por ejemplo, hablar lo menos posible, hacer voto de silencio algunos días y controlar la dieta.

145

La observancia de votos no supone debilidad alguna. Las planchas de madera para construir barcas sólo son útiles si se dejan modelar.

Para curvarlas hay que calentarlas. De igual forma, a través de la disciplina espiritual mantenemos a la mente bajo control. Y sin dominar la mente, no podemos controlar el cuerpo.

Paciencia y autodisciplina

146

Hijos míos, solo es posible la vida espiritual en aquellos que tienen paciencia.

147

No se puede medir el desarrollo espiritual de una persona observando sólo sus acciones externas. Sin embargo, el progreso de una persona espiritual puede ser conocido, hasta cierto punto, por sus reacciones ante situaciones adversas.

148

¿Cómo puede ayudar al mundo una persona que se enoja por cuestiones insignificantes? Sólo una persona paciente puede guiar a los demás. El ego debe ser totalmente aniquilado. No importa cuántas personas se sienten en una silla, pues ésta no se queja. De igual manera, no tendría que importarnos el número de personas que se enfaden con nosotros. Necesitamos adquirir la fuerza necesaria para aceptar y perdonar. De otro modo, carece de sentido hacer práctica espiritual.

149

Con la ira se pierde mucha energía conseguida a través de la práctica espiritual. Mientras circula un coche a velocidad moderada y constante, consume menos energía que si lo paramos y lo volvemos a arrancar continuamente. De modo parecido, cuando alguien se enoja, pierde la energía a través de cada uno de los poros de su piel.

150

El combustible de un mechero se consume tras encenderlo varias veces. Lo sabemos, pero no vemos cuánto. De igual forma, la energía obtenida a través de buenos pensamientos puede perderse de muchas maneras. Por

ejemplo, cuando nos enojamos, se pierde lo
que hemos conseguido a través de la práctica
espiritual. Cuando hablamos, la energía se
pierde a través de la boca; y cuando estamos
irritados la energía se disipa a través de los
ojos, los oídos y por cada poro de nuestra piel.

151

Es esencial para un aspirante espiritual ajus-
tarse a un horario estricto. Mantener una
rutina en el recitado del *mantra* y meditar a
la misma hora y durante el mismo periodo
de tiempo cada día. Desarrollad el hábito de
hacer práctica espiritual a una hora determinada. Este hábito nos permitirá avanzar.

152

Los que están habituados a tomar té a una
hora concreta, tienen ganas de tomarlo a
esa misma hora pues, de lo contrario, se
muestran inquietos y no se tranquilizan
hasta conseguirlo. Los que tienen un horario

regular para la práctica espiritual, lo seguirán automáticamente a la hora determinada.

Humildad

153

Un ciclón puede arrancar grandes árboles de raíz y destruir edificios; pero la hierba no se verá afectada, por muy potente que sea el ciclón. Esa es la grandeza de la humildad, hijos míos.

154

Inclinarse ante los demás no es un signo de debilidad. Deberíamos tener la grandeza de inclinarnos incluso ante la hierba. Si vais a un río y no sois capaces de inclinaros ante sus aguas (por ejemplo, inclinar la cabeza sobre su superficie) para lavaros, vuestro cuerpo seguirá sucio. Cuando un aspirante rechaza inclinarse ante los demás, impide que su ignorancia desaparezca.

155

El hombre proclama con altanería que le basta con apretar un botón para destruir el mundo. Pero para apretar ese botón, debe mover un dedo. No pensamos en el Poder que hay detrás de ese movimiento.

156

La humanidad proclama haber conquistado el mundo, pero no somos capaces siquiera de contar los granos de arena que hay bajo nuestros pies. ¡Qué pequeña pretensión haber conquistado el mundo!.

157

Suponed que alguien se enoja con vosotros sin ninguna razón. Incluso, en ese momento, un aspirante espiritual debería mostrarse humilde y postrarse ante él, observando esa situación como un juego de Dios representado para probarlo. Sólo si actuamos así, podrá decirse que la meditación ha dado sus frutos.

158

Incluso cuando alguien está cortando de raíz un árbol, éste le sigue dando sombra. Así debería ser una persona espiritual. Solo aquel que reza por el bien de los demás, hasta de los que le hacen sufrir, puede realmente ser considerada una persona espiritual.

Egoísmo y deseo

159

El ego se desarrolla con el deseo y el egoísmo; no aparece de forma natural, más bien lo generamos.

160

Suponed que vais a cobrar un dinero que os deben. Esperáis recibir doscientas rupias, pero solo os dan cincuenta. Os enfadáis con el deudor y lo golpeáis, acabando en los tribunales. Si vuestra ira ha surgido por no conseguir la cantidad deseada, ¿qué sentido tiene culpar a Dios cuando os castigan por vuestra acción? A causa de vuestras expectativas os enfadáis, y sufrís a causa del deseo. Este es el resultado de correr tras los deseos.

161

El viento de la Gracia de Dios no podrá elevarnos mientras sigamos llevando el peso de nuestro ego y de los deseos. Deberíamos reducir la carga.

162

Brotan muchas flores bajo el árbol que se despoja de todas sus hojas, mientras que en otros, solo brotan algunas flores dispersas. Hijos míos, cuando estemos totalmente libres de tendencias negativas, como el egoísmo y los celos, alcanzaremos la visión de Dios.

163

Un aspirante espiritual no ha de tener ni la más mínima traza de egoísmo. El egoísmo es como una plaga de insectos que se comen las flores. Si dejamos que se extienda, el árbol no dará frutos. Del mismo modo, si permitís que crezca el egoísmo, echará a perder todas vuestras buenas cualidades.

164

Hay una gran diferencia entre los deseos de un aspirante espiritual y los de una persona mundana. Los deseos de la persona mundana aparecen uno tras otro, igual que las olas del mar. Están allí continuamente y no tienen fin. Pero para un buscador espiritual sólo hay un deseo que, una vez satisfecho, no produce más deseos.

165

Incluso el 'egoísmo' de una persona espiritual beneficia al mundo. Había una vez, en una aldea, dos muchachos que recibieron una semilla de un *sannyasin* que pasaba por allí. Uno de ellos, la tostó y se la comió, apaciguando su hambre. Era una persona mundana. El otro muchacho la sembró y tuvo una gran cosecha, que distribuyó entre la gente hambrienta. Aunque los dos jóvenes mostraron un egoísmo inicial al aceptar lo que se les daba, la actitud del segundo benefició a muchas personas.

166

Solo hay un único Ser, que es omnipresente. Cuando se expande nuestra mente, podemos fundirnos en Él. Entonces se desvanece nuestro ego para siempre. Todo es idéntico para aquellos que están establecidos en ese estado de conciencia suprema.

Hijos míos, sin perder un solo momento, servid a los demás y ayudad a los pobres. Servid al mundo desinteresadamente, sin esperar nada a cambio.

167

Un pequeño egoísmo puede liberarnos de un gran egoísmo. Un pequeño cartel que diga "No pegar carteles" mantendrá limpia la pared. El egoísmo por Dios se parece a ese pequeño cartel.

Dieta

168

Sin renunciar al placer de la comida, no se puede disfrutar del gozo del corazón.

169

No es posible decir: "Come esto, no comas aquello". El efecto de una dieta cambiará según sean las condiciones climáticas. El tipo de comida que evitamos aquí [Sur de la India], puede ser conveniente en el Himalaya.

170

Cuando os sentéis a comer, rogad primero a Dios. Por eso recitamos un *mantra* antes de comer. En ese momento, en el que aguardamos ante el plato de comida, ponemos a prueba nuestra paciencia.

171

Un asceta no precisa ir por ahí en busca de comida. La araña teje su tela y aguarda, no va a ninguna parte a buscar comida, pues sus presas se enredan en la telaraña. Del mismo modo, la comida le llegará al asceta. Pero para que realmente suceda así, el asceta tiene que estar totalmente entregado a Dios.

172

La dieta tiene una gran influencia sobre nuestro carácter. Los alimentos que no son frescos, por ejemplo, aumentarán nuestros *tamas* [letargo, inactividad].

173

En las etapas iniciales, un aspirante espiritual debe controlar su dieta. Una dieta descontrolada produce tendencias negativas. Cuando acaban de sembrarse las semillas, se las protege de los cuervos. Después, cuando la semilla se convierte en árbol, los pájaros

podrán descansar o construir sus nidos en él.
De aquí en adelante, controlad estrictamente
vuestra dieta y haced práctica espiritual con
regularidad. En una etapa posterior, ya no os
afectarán los alimentos muy condimentados,
agrios o no vegetarianos. Pero, aunque Amma
os diga que no os afectarán esos alimentos
posteriormente, tampoco los consumáis
entonces. Debéis vivir como un ejemplo
para el mundo, así los demás aprenderán al
observar vuestra forma de actuar. Aunque
no estemos enfermos, deberíamos evitar
comidas picantes y amargas en presencia de
una persona afectada de ictericia. Debemos
mantener un autocontrol para ayudar a los
otros a mejorar.

174

Muchos dicen que van a dejar de fumar o de
tomar té, pero al final no lo consiguen. ¿Cómo
se va a controlar la mente, si ni siquiera se
controlan esas pequeñas cosas? Primero hay

que vencer esos pequeños obstáculos. Si uno no es capaz de cruzar un pequeño río, ¿cómo va a atravesar todo un océano?

175

Al principio, un aspirante espiritual no debería tomar nada elaborado fuera, en un bar o restaurante. Los dueños de esos establecimientos suelen pensar en sus ganancias, reduciendo las cantidades de cada ingrediente. Reflexionan de este modo: "¿Para qué voy a poner tanta leche? ¿Por qué no reduzco la cantidad de azúcar?" Están siempre valorando cómo reducir las cantidades para obtener más beneficios. Las vibraciones de esos pensamientos afectarán al buscador espiritual. Había una vez un *sannyasin* que no acostumbraba a leer periódicos. Un día, después de comer en casa de alguien, tuvo el intenso deseo de leerlos. Desde ese día empezó a soñar con periódicos y noticias. Hizo averiguaciones y se enteró de que el cocinero de la casa que visitó había estado leyendo el periódico mientras cocinaba. La atención del cocinero no había estado en la comida, sino en el periódico, y esos pensamientos habían afectado al *sannyasin*.

176

Cuando comáis, no os hartéis. La comida ha de ocupar la mitad del estómago, una cuarta parte con agua y el resto ha de quedar libre para permitir el movimiento del aire. Cuanto menos se coma, mayor será el control mental. No meditéis ni durmáis después de comer para que pueda haber una adecuada digestión.

177

Una vez se desarrolla el amor hacia Dios, sois como una persona que tuviera fiebre. Si tienes mucha fiebre, no le encuentras gusto a la comida. Incluso la comida dulce, sabrá amarga. Cuando sentimos amor por Dios, disminuye nuestro apetito espontáneamente.

Brahmacharia

Vivir en celibato

178

Los alimentos muy picantes y condimentados son dañinos para la *brahmacharia*. Debería evitarse el exceso de sal. Los alimentos dulces, hasta cierto punto, son inofensivos. No es bueno consumir cuajada o yogur por la noche y la leche debe tomarse con moderación. La leche para beber, debería mezclarse con igual cantidad de agua y hervirla. Deben evitarse los alimentos grasos o con mucho aceite para no aumentar la materia grasa del cuerpo, pues también favorece el incremento de semen.

179

No deben comerse, con demasiada frecuencia, alimentos muy apetitosos. Si aumenta el deseo por la comida apetitosa, también aumentarán las tentaciones del cuerpo. Es mejor no comer por las mañanas y tomar solo una pequeña cantidad por la noche.

180

No hay que temer la pérdida de semen mientras se duerme. ¿No habéis visto cómo se quema excremento de vaca y se mezcla con agua para hacer ceniza sagrada? Se coloca una mecha de tela en un recipiente, situando un extremo de la mecha colgando hacia fuera. El exceso de agua rezumará a través de esa mecha, pero la esencia no se perderá. La ceniza sagrada se forma cuando el agua desaparece. Sin embargo, hay que tener sumo cuidado para que la pérdida de semen no ocurra mientras se sueña.

181

Hijos míos, cada vez que sintáis que se va a producir una emisión de semen, levantaos

inmediatamente y meditad o repetid vuestro *mantra*. Tanto si sucede como si no,
al día siguiente, haced práctica espiritual
y ayunad durante todo el día. Bañarse en
un río o en el mar es aconsejable para la
brahmacharia.

182

En determinados meses y días, la atmósfera
está completamente impura. Durante esos
periodos, por mucho cuidado que se tenga,
puede producirse la emisión de semen. Una
de esas épocas se da entre mitad de julio y
mitad de agosto.

183

Debido al calor que se genera por la concentración de la mente, el poder de la *brahmacharia* se transforma en *ojas* [fuerza vital
sublimada]. Si una persona mundana observa
celibato, debería realizar también práctica

espiritual, o el poder de la *brahmacharia* no se convertirá en *ojas*.

El buscador y la
práctica espiritual

184

Hijos míos, nuestra actitud hacia todos los objetos de la Creación debería estar libre de expectativas. Este es el propósito de la práctica espiritual.

185

No existe ningún atajo para lograr la visión de Dios. Aunque el caramelo sea dulce, nadie se lo traga de golpe, pues se lastimaría la garganta. Tiene que disolverse y tragarse lentamente. De igual forma, se debe hacer la práctica espiritual con regularidad y paciencia.

186

Si no hay amor hacia Dios, no tiene sentido meditar o recitar el *mantra*. Por otro lado, son unos perezosos los que piensan empezar a practicar cuando se desarrolle, en ellos, el amor hacia Dios. Son como los que esperan que desaparezcan las olas del mar para entrar a bañarse.

187

A través de la práctica espiritual conseguimos que nuestro cuerpo se llene de *shakti* [energía] y se libere de enfermedades. Y también será posible realizar cualquier acción sin agotarse.

188

Vuestra Bienamada Deidad os llevará hasta el umbral de la Realización. Cuando venís al *ashram*, si viajáis en autobús, éste os dejará en el cruce de Vallickavu, entonces tendréis que caminar el último tramo, ¿no? Del mismo modo, la Deidad os conducirá hasta el portal de *akhanda satchidananda* (Existencia - Conciencia – Felicidad, indivisas).

189

Hijos míos, antes de salir al mundo a enseñar, tenemos que conseguir la fuerza para hacerlo. Los que viajan al Himalaya llevan ropa de lana para protegerse del frío. De igual forma, antes de dirigirse al mundo, nuestra mente debe fortalecerse para no verse perturbada por cualquier adversidad. Esto sólo es posible a través de la práctica espiritual.

190

El auténtico *satsang* es la unión del alma individual con el Ser Supremo.

191

Si alguien desea dátiles se arriesgará a trepar por la palmera, aunque esté llena de avispas, hasta conseguirlos. De forma parecida, el que posee *lakshya bodha* (fuerte determinación por alcanzar la Meta) superará cualquier circunstancia adversa.

192

Al principio resulta beneficioso, para un aspirante espiritual, ir de peregrinación. Un viaje con dificultades le ayudará a entender la naturaleza del mundo. Pero los que no han obtenido suficiente fuerza a través de su práctica espiritual, se hundirán ante las pruebas y tribulaciones del mundo. Por tanto, conviene hacer práctica espiritual continua, en cualquier lugar en que nos encontremos, y sin perder un momento.

193

La perfección de la *asana* (la postura de sentado) es lo primero que un aspirante espiritual necesita dominar. No siempre es fácil conseguirla. Cada día sentaos cinco minutos más que el día anterior. De esta forma conseguiréis, poco a poco, permanecer sentados durante dos o tres horas seguidas. Si adquirís este tipo de paciencia, todo resultará fácil.

Mientras caminamos, estamos sentados o tomando un baño, imaginemos siempre que nuestra Bienamada Deidad está caminando junto a nosotros y nos sonríe. También podemos imaginar que la forma de nuestra Bienamada Deidad está en el cielo y le rezamos.

194

Hijos míos, llorar por Dios durante cinco minutos, es como permanecer una hora en meditación. Cuando lloramos, la mente se queda fácilmente absorta en el recuerdo de Dios. Si no puedes llorar, reza de este modo: "Oh, Dios, ¿por qué soy incapaz de llorar por Ti?

195

Un aspirante espiritual no debería llorar por cosas efímeras, sino solo por la Verdad. Nuestras lágrimas deben derramarse únicamente por Dios. Un aspirante espiritual no debe debilitarse jamás, ya que tiene que soportar la carga del mundo entero.

196

Nuestros sentimientos pueden ser expresados de tres maneras: a través de las palabras, de las lágrimas o de la sonrisa. Hijos míos, sólo cuando vuestras impurezas mentales sean lavadas por el torrente de lágrimas de vuestro anhelo por la Divinidad, seréis capaces de sonreír realmente con un corazón abierto. Es entonces cuando se siente la auténtica felicidad.

197

Hacer práctica espiritual es esencial. Aunque la planta está contenida en la semilla, sólo dará frutos si se cultiva y se abona adecuadamente. De igual modo, aunque la Verdad Suprema se halla en todos los seres vivos, sólo brillará a través de la práctica espiritual.

198

Si un plantón se siembra y no se cuida adecuadamente, se marchitará. Se le debe atender regularmente. Una vez que haya crecido y la planta esté sana, aunque le cortemos la parte superior, continuará creciendo con brotes nuevos. Por muy difíciles que sean las reglas, en las etapas iniciales, un aspirante espiritual debe seguirlas. Sólo así va a progresar.

199

A un aspirante espiritual le conviene visitar zonas marginales, hospitales u orfanatos, al menos, una vez al mes. Estas visitas le ayudarán a entender la naturaleza del sufrimiento humano y harán que su mente se vuelva compasiva.

200

La leche se deja en reposo hasta que cuaje, pues sólo así se convertirá en requesón. En las etapas iniciales de la práctica espiritual es necesario estar en soledad.

201

Una vez sembradas las semillas, vigilamos que los pájaros no se las coman. Cuando salen los primeros brotes, ya están seguras. Al principio, un buscador espiritual no debería mezclarse con nadie. Sobre todo, deben estar muy atentos los devotos que llevan una vida familiar. No malgastéis el tiempo hablando con los vecinos y, siempre que tengáis tiempo, sentaos y repetid vuestro mantra, meditad o cantad canciones devocionales.

202

No hay olas en la profundidad del océano. Únicamente se forman cerca de la orilla. En el fondo del océano todo está en calma. Los que han alcanzado la Perfección poseen quietud. Los que tienen un escaso conocimiento o se han limitado a leer dos o tres libros, se alarman fácilmente.

203

Las olas del mar no podemos detenerlas, de la misma manera tampoco podemos eliminar los pensamientos de la mente. Una vez que la mente gana en amplitud y profundidad, las olas de pensamientos se calmarán de forma natural.

204

Hijos míos, tanto lo real como lo irreal están contenidos en la semilla. Cuando una semilla se siembra, la cáscara se abre y se disuelve en el suelo, siendo la esencia de la semilla la que brota y crece. De igual forma, tanto lo real como lo irreal están dentro de nosotros. Si vivimos apoyándonos en lo real, nada nos afectará y creceremos. Si nos aferramos a lo irreal, no podremos crecer.

205

Cuando conocéis la Verdad, el mundo entero es vuestra riqueza. No veis nada separado de vuestro propio Ser.

206

A través de vuestras acciones se determina vuestra valía. Aunque alguien tenga una buena educación y un buen empleo, nadie lo respetará si se dedica a robar. Vuestro progreso como aspirantes espirituales se juzgará por vuestros actos.

207

¿No habéis visto a los soldados y policías permanecer como estatuas, aunque llueva o haga un sol abrasador? De la misma manera, allí donde se encuentre un aspirante espiritual, ya esté sentado, de pie o estirado en el suelo, debería mantenerse en perfecta calma. Tiene que evitar los movimientos innecesarios de manos, piernas o cuerpo. Para conseguirlo le será útil imaginar que su cuerpo está muerto. Con el tiempo, y a través de la práctica, la quietud se convertirá en un hábito.

208

Los que tienen que adentrar un barco en el mar, más allá de las olas, reman con la mirada fija en su objetivo. Aunque les alienten desde la orilla, no prestan atención a los gritos o gestos que les hacen. Su único interés se centra en superar la fuerza de las olas. Una vez las han superado y se encuentran ya en alta mar, no tienen nada que temer. Entonces, si lo desean, pueden descansar y dejar de remar unos instantes. De igual modo vosotros también estáis ahora cruzando la zona de oleaje. Proseguid atentamente con la mirada puesta en la meta, sin prestar atención a nada más, y llegaréis a vuestro destino.

209

Un aspirante espiritual debe ser muy cuidadoso al relacionarse con personas del otro sexo. Igual que los torbellinos, solo os dais cuenta del peligro cuando os atrapa y os lanza al suelo.

210

Hijos míos, el agua es incolora, aunque un lago o un estanque reflejen el color del cielo. De igual manera, vemos los defectos de los demás porque reflejamos en ellos nuestras propias faltas. Intentad ver siempre la bondad en los otros.

211

Un aspirante espiritual no debería asistir a bodas ni a velatorios. En una boda, todos, tanto jóvenes como ancianos, piensan en el matrimonio. En los velatorios, la gente lamenta la pérdida de un ser mortal. Las ondas de pensamientos de ambas ceremonias son perjudiciales para un buscador espiritual. Esas vibraciones penetran en la mente subconsciente y hacen que el buscador se altere por cosas que no son reales.

212

Una persona espiritual debería ser como el viento. El viento sopla sobre fragantes flores y también sobre excrementos malolientes, sin mostrar preferencia alguna. Igual que el viento, un aspirante espiritual no debería sentir apego por los que le muestran su afecto ni sentir malicia hacia los que lo desprecian. Para un aspirante espiritual todo el mundo es igual, pues ve a Dios en todas las personas y en todas las cosas.

213

No es bueno dormir durante el día, pues nos sentimos agotados al despertar. Sucede así porque durante el día la atmósfera está llena de vibraciones procedentes de pensamientos

impuros, mientras que por la noche está
menos contaminada. Al levantarnos por la
mañana, después de dormir, nos sentimos
llenos de energía. Por esta razón, los aspirantes
espirituales deberían meditar más durante la
noche. Es mejor meditar cinco horas por la
noche que diez horas durante el día.

214

Hijos míos, cualquiera que sea la pena que
tengáis, mirad a la naturaleza e imaginad la
forma de la Deidad Bienamada en los árboles,
las montañas o cualquier otro objeto. Compartid vuestros sentimientos con estas partes
de la naturaleza. También podéis imaginar a
vuestra Bienamada Deidad de pie en el cielo
y hablar con ella. ¿Qué necesidad hay de
compartir vuestras penas con alguien más?

215

Si nos paramos junto a alguien que está
hablando, sus palabras formarán una aura

particular alrededor nuestro. Si mantenemos una mala compañía, se formará una
aura negativa que provocará un aumento de
pensamientos impuros. Por eso se dice que el
satsang [la compañía sagrada y los discursos
espirituales] es necesario.

216

Cuando un escultor mira una pieza de madera
o una piedra, solo ve en ellos la imagen que
puede tallar o esculpir, mientras que otros
verán únicamente la madera o la piedra. De
igual forma, un buscador espiritual debería
percibir lo eterno en todo. Debemos entender qué es eterno y qué es efímero, y vivir
prestando suma atención. Sólo deberíamos
apoyarnos en lo eterno. Hijos míos, sólo Dios
es la Verdad eterna. Todo lo demás es falso
e inexistente. Los asuntos mundanos son
transitorios. Aquello que es eterno es Dios.

217

Hijos míos, nadie se siente tentado ante la desnudez de un niño. Habría que mirar a todo el mundo con el mismo espíritu. Todo depende de la mente.

218

Un aspirante espiritual debería prestar suma atención al inicio. Las horas más favorables para la meditación son, por la mañana, antes de las once y, por la tarde, después de las cinco. Nada más terminar vuestra meditación, túmbate en el suelo en *savasana* [de espalda, relajado] durante, al menos, diez minutos. Aunque solo se medite una hora, hay que permanecer después en silencio un mínimo de media hora. Solo aquellos que lo hacen obtienen el beneficio completo de su meditación.

219

Cuando se inyecta un medicamento se requiere un cierto tiempo para que se expanda por todo el cuerpo. De igual manera, hay que estar un tiempo en silencio después de la práctica espiritual. Si, tras dos horas de meditación, empezáis inmediatamente a hablar de asuntos mundanos o en voz alta, no habréis conseguido nada de vuestra meditación, aunque estuvierais años meditando.

220

Si alguien os habla de tonterías o bien os hace perder el tiempo, debéis repetir vuestro *mantra* silenciosamente o contemplar a vuestra Bienamada Deidad. Imaginad que la persona que os habla es la Bienamada Deidad o trazad un triángulo en el suelo e imaginad que vuestra Deidad está allí de pie. Tomad unas pequeñas piedras y, pensando que son flores, ofrecédselas a los

Pies de vuestra Deidad. Tratad solamente de temas espirituales con los demás. Los que sientan afinidad por la espiritualidad os escucharán, y los otros se marcharán inmediatamente. De esta manera, no perderéis el tiempo.

221

Hijos míos, hasta la respiración de un aspirante espiritual purifica la atmósfera, tal es su poder. Quizá tarde un tiempo, pero este hecho será definitivamente descubierto por la ciencia y sólo entonces la gente lo creerá.

222

Los seres humanos no son los únicos que poseen la capacidad de hablar. Los animales, aves y plantas también tienen el poder de comunicarse, pero nosotros no somos capaces de entenderlos. Los que han experimentado una visión del Ser conocen todas estas cosas.

223

El agua se estanca en zanjas y estanques y, allí, aparecen gérmenes e insectos que provocan enfermedades en muchas personas. El remedio está en canalizar el agua para que fluya hacia el río. Hoy en día, los seres humanos viven con el ego de "yo" y "lo mío", sus pensamientos impuros son la causa del sufrimiento de muchas personas. Nuestra meta es expandir sus estrechas mentes y guiarlos hacia la Verdad Suprema. Para conseguirlo, cada uno debería estar preparado para hacer sacrificios. Pero sólo con el poder adquirido a través de la práctica espiritual podemos guiar a la gente.

224

Ecuanimidad es *yoga* [unión con Dios]. Una vez se alcanza la ecuanimidad, sentiremos una corriente continua de gracia. Entonces ya no será necesaria la práctica espiritual.

El aspirante espiritual
y su familia

225

Hijos míos, es nuestro deber cuidar a los padres si nadie más los atiende. Ese es nuestro deber, aunque hayamos elegido el camino espiritual. Deberíamos ver a los padres como si fueran nuestro propio ser y servirlos adecuadamente.

226

Si los padres ponen obstáculos a vuestra vida espiritual, no estáis obligados a obedecerlos.

227

¿Es correcto dedicarse a la vida espiritual, aunque eso suponga desobedecer a vuestros padres? Suponed que tenéis que ir a un lugar alejado para estudiar medicina, pero vuestros padres no lo aceptan. Si desobedecéis a vuestros padres, vais a estudiar a ese lugar y os convertís en médicos, podréis salvar a miles de personas, incluidos vuestros padres. Esa desobediencia se convierte en beneficiosa para el mundo, y no resulta perjudicial para nadie. Si los hubierais obedecido y os hubierais quedado cuidándolos, no seríais capaces de salvar sus vidas.

Solo un buscador espiritual puede amar y servir al mundo de forma desinteresada, y salvar a los demás. ¿No acudieron Shankaracharya y Ramana Maharshi a salvar a sus madres, otorgándoles la liberación?

228

Una vez elegido el camino espiritual, debemos deshacernos de apegos familiares, pues de otro modo no seremos capaces de progresar. Si una barca está anclada, de nada sirve remar, pues no se moverá. Habiendo dedicado nuestra vida a Dios, debemos tener gran fe en que Él cuidará de nuestra familia.

229

Hijos míos, ¿quiénes son nuestros auténticos padres? ¿Son acaso los que nos han traído a este mundo? No. Ellos no son más que nuestros padres adoptivos. Los verdaderos padres son aquellos que pueden devolver la vida a una persona muerta, y solo Dios tiene ese poder. Recordad siempre esto.

230

Las plantas jóvenes que crecen a la sombra de grandes árboles, se desarrollan con facilidad durante un tiempo, pero cuando se le caen las hojas al árbol, se marchitan bajo los rayos de sol. Los que crecen bajo la sombra protectora de su familia son como esas plantas.

Para los padres de familia

231

Actualmente, el amor y la devoción que sentimos por Dios es como el amor que sentimos por nuestros vecinos. Cuando no nos dan lo que queremos, nos enfadamos con ellos. Actuamos de igual manera con Dios. Si Dios no cumple todos nuestros deseos, dejamos de rezar y de repetir nuestro *mantra*.

232

¡Cuánto nos esforzamos por ganar un pleito ante los tribunales! ¡Cuántos empujones y gritos soportamos con tal de conseguir unas entradas para ver nuestro espectáculo favorito! Aguantamos con agrado todas esas dificultades por un poco de felicidad externa. Si hiciéramos esos mismos sacrificios en nuestra vida espiritual, gozaríamos muy pronto de la dicha eterna.

233

Suponed que un niño se hiere en una mano. Si le decimos: 'Tú no eres el cuerpo, ni la mente, ni el intelecto', no nos entenderá y seguirá llorando. Del mismo modo, no tiene sentido decirle a una persona mundana: 'Tú no eres el cuerpo, sino Brahman. El mundo es irreal.' Quizás se produzca algún cambio en su actitud, pero lo que realmente deberíamos hacer es darles consejos útiles que puedan aplicar a su vida diaria.

234

Hijos míos, aquellos que de pronto se deleitan en la espiritualidad, tras oír una charla espiritual, no serán capaces de mantener una vida espiritual estable. Poco importa el tiempo que se presione un muelle, pues éste vuelve a su forma original tan pronto dejamos de presionarlo.

235

Hoy en día parece que nadie tiene tiempo para visitar templos y *ashrams*, o hacer alguna práctica espiritual. Pero, si nuestro hijo cae enfermo, aguardamos sin dormir todo lo que haga falta en la sala de espera del hospital. Por un metro de tierra somos capaces de esperar ansiosos la resolución de un tribunal, soportando durante días la lluvia o el sol, y sin pensar siquiera en nuestra familia. Podemos hacer cola durante horas, en una tienda, con tal de conseguir una aguja que solo cuesta cincuenta céntimos, pero no tenemos tiempo para rezar a Dios. Hijos míos, los que aman a Dios, encuentran fácilmente tiempo para su práctica espiritual.

236

¿Quién dice que no tiene tiempo para repetir el *mantra*? Podéis recitar vuestro *mantra* con cada paso que deis. También podéis hacer práctica espiritual mientras viajáis en autobús, imaginando la forma de la Bienamada Deidad en el cielo o repitiendo vuestro *mantra*, con los ojos cerrados. Si se repite el *mantra* de ese modo, no se pierde el tiempo, ni permitimos que la mente se deje arrastrar por las distracciones que encuentra en el camino. También es posible recitar el *mantra* mientras hacéis alguna tarea doméstica. Los que tienen interés, siempre encuentran tiempo para la práctica espiritual.

237

Cuando una persona no puede dormir, toma somníferos; y cuando quiere olvidar sus penas consume alcohol y otras drogas. También se puede entretener en el cine. Por todas estas cosas, apenas nadie busca a Dios actualmente. Pero las personas no son conscientes de que tales sustancias tóxicas están destruyéndolos. El que las consume está reduciendo la cantidad de agua contenida en su cerebro. Es entonces cuando uno se siente embriagado. Si se hace un uso continuo de esas sustancias, los nervios del cuerpo empiezan a contraerse por la deshidratación. Después de un tiempo, se camina incluso con dificultad debido al cansancio y a los temblores. Al perder vitalidad y esplendor, la persona sufre un proceso degenerativo en el que también pueden verse afectados los hijos, si siguen su ejemplo.

238

Hijos míos, es la mente la que necesita ser acondicionada, no las viviendas. Hay personas que instalan aire acondicionado en sus hogares lujosos, y así y todo, se suicidan en ellos. Si los objetos de lujo les hubieran dado la felicidad, no se habrían suicidado. La auténtica felicidad no se encuentra en el exterior, sino en nuestro interior.

239

Cuando un perro roe un hueso hasta que sangran sus encías, cree que la sangre procede del hueso y no de las heridas que él mismo se está produciendo. Eso es lo que sentimos cuando buscamos la felicidad en los objetos externos.

240

Uno no utiliza las ramas de un árbol que da abundantes frutos para hacer una valla. Preferirá utilizar las ramas de un árbol de poca utilidad. Si comprendiéramos el valor de la vida, no la malgastaríamos en placeres sensuales.

241

No existe un momento concreto para que un padre de familia empiece su vida espiritual. Debería empezar cuando sienta el impulso de la renuncia. No es necesario forzar ese deseo, pues el impulso surge por sí solo.

Cuando una gallina incuba un huevo no lo picotea, espera a que el polluelo lo haga por sí mismo. Si, por ejemplo, vuestra esposa e hijos pueden vivir bien y tenéis un espíritu de renuncia, entonces podéis dejarlo todo y embarcaros en la vida de renunciación. Pero, una vez iniciada la vida espiritual, no deberíais pensar en vuestro hogar.

242

En épocas pasadas, la gente solía enseñar a los niños lo que era permanente y lo que era temporal. Les enseñaban que la meta de la vida era la Realización de Dios y se les formaba para que fueran capaces de saber quiénes eran ellos mismos. Actualmente los padres sólo los animan para ganar dinero. Como resultado, el padre deja de interesarse por su hijo y el hijo por su padre. Y, entre ellos, surge la enemistad y el enfrentamiento. Hasta podrían llegar a matarse por motivos egoístas.

243

Hijos míos, sin práctica espiritual no es posible la Realización de Dios, pero nadie está dispuesto a esforzarse para conseguirlo. Los trabajadores de una fábrica que hacen el turno de noche trabajan sin dormir. No son más cuidadosos porque estén cansados, sino porque tienen que estar muy atentos para evitar los accidentes laborales y no perder su trabajo. En la vida espiritual también es esencial esta atención y desapego.

244

A los niños les puede preocupar que el sol desaparezca al atardecer. Por la mañana, cuando sale de nuevo, se alegran de su vuelta. Un niño no sabe la verdad que hay detrás de la puesta y la salida del sol. Hijos míos, por esa misma razón, también nosotros nos alegramos y nos apenamos con cada ganancia o pérdida.

245

En Kerala podemos ver barqueros que conducen patos por los remansos de mar. La embarcación es tan pequeña que puede volcar si el barquero estira las piernas o respira profundamente. De pie en la barca y golpeando con el remo en el agua, el barquero procura que los patos no se extravíen. Achica el agua de la barca con sus pies y, al mismo tiempo, habla con la gente que encuentra por la orilla. A veces, incluso, fuma. Aunque hace todas estas cosas, su mente está centrada en el remo. Si se despistara un segundo, la embarcación volcaría y él caería al agua. Hijos míos, tendríamos que vivir en este mundo de igual modo. En cualquier actividad que hagamos, nuestras mentes deberían centrarse en Dios.

246

Un bailarín experimentado puede hacer muchos juegos malabares mientras lleva una vasija en su cabeza. Es capaz de bailar y rodar por el suelo sin que se le caiga la vasija, pues su mente está siempre fija en la vasija. De modo similar, con la práctica, es posible fijar la mente en Dios mientras hacemos cualquier tarea.

247

Orad a Dios llorando en soledad. Cuando nos lesionamos el cuerpo, la mente se centra en la herida. De igual modo, estamos sufriendo la enfermedad de la trasmigración [nacimiento, muerte y reencarnación]. Si anheláis curar esta enfermedad, vuestras plegarias tendrán que ser sinceras y el corazón fundirse en amor por Dios.

248

Brahma, Vishnu y Shiva crean, alimentan y destruyen deseos, respectivamente. El ser humano crea y alimenta sus deseos, pero no los destruye. Hijos míos, lo que se necesita hoy en día es destruir los deseos.

249

Los que trabajan en oficinas y bancos manejan millones de rupias. Como saben que el dinero no les pertenece, no piensan en él. También saben que los clientes no son parientes suyos. Consideran que el aprecio que les muestran los clientes, se basa en una actitud egoísta y, por tanto, no les importa si el cliente les habla o no. Nosotros también deberíamos vivir así. Si vivimos sabiendo que nada ni nadie en el mundo nos pertenece, todos nuestros problemas desaparecerán.

250

Hijos míos, con la conciencia de la meta surge la concentración. Sólo a través de la concentración progresaremos.

251

La semilla de mango es amarga, pero si se cocina adecuadamente, podemos preparar, con paciencia, diferentes platos. El *Srimad Bhagavatam* [libro sagrado de la vida, obra y enseñanzas de Krishna] va dirigido a los buscadores espirituales. Si lo leemos con atención, encontraremos en él todos los principios espirituales. Pero para los que no tienen una mente curiosa e indagatoria, se trata solo de una historia. Por lo general, no es bueno leer el *Bhagavatam* en voz alta para ganar dinero, pero si un padre de familia no dispone de medios para sobrevivir puede hacerlo.

252

Para vivir confortablemente en un lugar lleno de suciedad, debéis limpiarlo a fondo. Solo entonces se podría vivir en él. ¿Podríais hacer *japa* y meditar entre toda esa basura?

La suciedad os haría estar intranquilos. Por medio de *homas* [culto con fuego sacrificador] y *yagnas* [ofrendas] podemos purificar la atmósfera y conseguir aire puro. Pero no es Dios el que necesita *homas* y *yagnas*.

253

Por cuestiones políticas, la gente no duda en gastar enormes sumas de dinero y cometer asesinatos. Se han gastado millones de rupias por un puñado de rocas de la luna. Sin embargo, la gente apenas se interesa por hacer *homas* y *yagnas*, cuyo coste es muchísimo menor y son altamente beneficiosas para la sociedad. Podemos aceptar que no se realicen estos sacrificios sagrados, pero condenarlos sin comprender sus beneficios resulta absurdo. Eso es ignorancia.

254

Hijos míos, podéis hacer compatible la vida mundana con la espiritual, pero tenéis que actuar sin apego ni expectativas. El dolor aparece cuando pensamos 'He hecho esto y, por tanto, me corresponde esta recompensa'. No deberíais pensar nunca que vuestra esposa, marido o hijo es vuestro. Si consideráis que todo le pertenece a Dios, no habrá apego. En el momento de la muerte, ni la esposa ni los hijos nos acompañarán. Sólo Dios es eterno.

255

No importa la fortuna que tengamos, pues sólo nos causará dolor si no comprendemos bien su valor y uso. Hijos míos, aunque vuestra riqueza fuera abundante, el placer que sentiríais solo sería temporal. No puede daros la felicidad eterna. Reyes como Kamsa e Hiranyakashipu poseían una inmensa fortuna y, a pesar de ello, ¿qué paz mental tuvieron? Se desviaron del camino de la Verdad y vivieron con arrogancia. Hicieron muchas cosas prohibidas. Y, ¿qué fue lo que consiguieron? Perder toda su paz y quietud mental.

256

Amma no dice que rechacemos la riqueza. Si sabemos usarla adecuadamente, disfrutaremos de la fortuna que supone la paz y la felicidad. Hijos míos, para los que sienten una total devoción por Dios, la riqueza material es como el arroz cocido en el que ha caído arena.

Liberación del sufrimiento

257

El fruto de cualquier acción puede ser contrarrestado con otra acción. Si se lanza una piedra hacia arriba, podemos atraparla antes de que caiga al suelo. De la misma manera, el resultado de cualquier acción puede ser modificado durante su desarrollo. No es necesario afligirse y preocuparse por vuestro destino. Este puede modificarse por resolución de Dios. La carta astral de una persona puede indicar una gran probabilidad de matrimonio, pero si hace práctica espiritual desde muy joven, esta predicción puede cambiar. En los poemas épicos se encuentran ejemplos de estos cambios.

258

Quien viaja a lo largo de un río, no se dedica a pensar en el origen del mismo. En el pasado hemos podido cometer muchos errores, pero de nada sirve preocuparse por ello. Lo importante es luchar para configurar el futuro.

259

Hijos míos, nunca penséis: 'Soy un pecador. Soy incapaz de hacer algo'. No importa lo podrida que esté una patata, pues el brote saldrá de la pequeña parte que esté sana. De igual forma, basta con tener una pequeña traza de *samskara* [disposición] espiritual para progresar apoyándonos en ella.

260

A lo largo de la vida hemos pensado que el cuerpo es permanente y posee una suprema importancia. Esto nos ha causado mucho sufrimiento. Pensemos ahora de modo contrario. El Ser es eterno, y es el Ser el que debe ser realizado. Si fijamos esta idea en nuestra mente, desaparecerá nuestro sufrimiento y solo sentiremos felicidad.

261

Cuando lleváis una pesada carga, os sentís aliviados al pensar que vuestro destino está cerca, pues sabéis que muy pronto la podréis depositar allí. Por otro lado si pensarais que el lugar se encuentra lejos, la carga os parecería todavía más pesada. De igual forma, cuando pensamos que Dios está cerca de nosotros, todas nuestras cargas se aligeran.

Cuando subís a una barca o autobús, ¿seguís llevando a cuestas el equipaje? ¡Dejadlo en el suelo! Del mismo modo, ofrecédselo todo a Dios y Él os protegerá.

262

A dondequiera que la gente va, siempre encuentra faltas. Por este motivo sus mentes no descansan. Por tanto, debería cambiarse este hábito. Olvidarnos de las deficiencias del lugar en el que estemos e intentar descubrir lo que sea útil y respetarlo. Eso es lo que tendríamos que hacer. Buscad siempre el lado positivo de cualquier cosa y lugar y, de ese modo, se acabará todo vuestro sufrimiento.

263

Suponed que caemos en un agujero, ¿vamos a sacarnos los ojos porque no nos hayan guiado bien? Igual que aceptamos cualquier defecto de nuestra visión, aceptemos siempre los defectos de los demás y tratemos de ser compasivos con ellos.

Vasanas

Tendencias Innatas

264

Aunque encontremos una sola hormiga en el azúcar, debemos apartarla para evitar que acudan otras hormigas. De igual forma, basta una pequeña traza de egoísmo en nosotros para abrir el camino a otros *vasanas*.

265

La eliminación de los *vasanas* y la destrucción de la mente (el ego) son la misma cosa. Eso es la Liberación.

266

El primer *vasana* de una alma individual deriva de Dios y, a partir de ese *vasana*, se desarrolla el *karma*. Los nacimientos posteriores manan del *karma* y, de esa manera, va girando la rueda de nacimientos y muertes.

Solo se puede escapar de ese ciclo interminable eliminando los *vasanas*. Las actividades espirituales, como *satsang*, canciones devocionales y meditación, ayudan a eliminarlos.

267

Hasta que no se alcance la liberación seguirán los *vasanas*. Solo se eliminarán totalmente en el estado de liberación. Hasta que no alcancemos dicho estado, debemos actuar con el máximo discernimiento. Hay que ejercer una continua vigilancia para no caer en cualquier momento. Los conductores que circulan por una carretera de mucho tráfico tienen que estar muy atentos. Si se descuidan un segundo, pueden provocar un accidente. Cuando circulamos por espacios abiertos y sin tráfico, no hay nada que temer, pues no hay obstáculos que nos impidan avanzar. En los inicios de la vida espiritual todo es peligroso y, por tanto, debemos ser extremadamente cuidadosos y estar alerta. En el estado de liberación, solo permanece el Ser Puro. No hay dualidad y, por tanto, no hay peligro.

268

Los *vasanas* de una alma liberada no son *vasanas* en el sentido real del término. Su ira, por ejemplo, es solo una apariencia externa, pues por dentro esa alma es totalmente pura. La cal viva [carbonato de calcio] tiene una forma aparente, pero se deshace cuando la tocamos.

269

Hijos míos, solo un maestro espiritual puede eliminar completamente vuestros *vasanas*. Para que se produzca de otro modo, uno tiene que haber nacido con una poderosa disposición espiritual. El chacal puede pensar: "No voy a aullar más cuando vea a un perro." Pero en cuanto vea a un perro, repetirá como siempre la misma historia. Con los *vasanas*, sucede igual.

270

No es fácil eliminar la corriente de pensamientos, pues para que desaparezcan hay que alcanzar un estado avanzado. Podéis destruir los pensamientos impuros, al incrementar los puros.

271

Los *vasanas* negativos no se van a ninguna parte, pero es posible eliminarlos con buenos pensamientos. Es como si, en un depósito de agua salada, añadiéramos agua pura, una y otra vez, hasta que el agua pierda su salinidad.

Siddhis

Poderes psíquicos

272

Hijos míos, la exhibición de *siddhis*, más allá de cierto límite, viola las leyes naturales. Las personas se sienten atraídas por la exhibición de *siddhis*. Una Alma Realizada evitará, tanto como le sea posible, la manifestación de poderes. En el caso de que los exhiba, no perderá nada por ello. Si el poder de revelar algún *siddhi* se utiliza para transformar a una persona en *sannyasin*, eso beneficiará al mundo. Si un buscador se siente fascinado por los *siddhis*, se desviará de su meta.

273

Las Almas Realizadas no suelen mostrar sus poderes. En el caso de que lo hagan, será algo muy inusual. En determinadas situaciones, pueden aflorar espontáneamente sus poderes,

pero no con el fin de divertir a los especta-
dores. No os esforcéis por conseguir *siddhis*,
pues son temporales. Una encarnación divina
viene a este mundo para destruir deseos, y
no para crearlos.

Samadhi

274

Hijos míos, *sahaja samadhi* (la permanencia natural en el Ser) es perfección. El alma que está establecida en ese estado ve el principio divino en todo. Dicha alma percibe la conciencia pura en todas partes, sin tacha alguna de *maya* [ilusión]. Al igual que el escultor solo ve en la piedra la imagen que va a esculpir, un *mahatma* solo ve, en todas las cosas, la Divinidad que todo lo impregna.

275

Imaginad que tenemos dentro de nosotros una pelota de goma y un aro. La pelota no hace más que rebotar de un lado a otro. Esa pelota es nuestra mente y el aro es nuestra meta. A veces la pelota se queda atrapada en el aro y permanece inmóvil. A eso se le puede llamar *samadhi*. Sin embargo, la pelota no se queda allí permanentemente y salta de nuevo como antes. Con el tiempo, se llega a un estado en el que la pelota descansa de forma permanente en el aro, no efectuando más movimientos. A esto se le llama *sahaja samadhi*.

276

Meditando en una forma, se puede entrar en *savikalpa samadhi* [la percepción de la última Realidad mientras se retiene un sentido de dualidad]. Cuando una persona ve la forma de su Bienamada Deidad, permanece la actitud del 'yo' y, por tanto, la dualidad. En la meditación sin forma, dado que no hay rastro de un sentido de 'yo', la actitud de dualidad queda completamente destruida. De esa manera, se alcanza el *nirvikalpa samadhi*.

277

En el estado de *nirvikalpa samadhi* no hay ninguna entidad que diga 'Soy Brahman'.

Uno se funde con Brahman. Si un ser normal y corriente alcanza *nirvikalpa samadhi*, se desvincula de su cuerpo físico, sin posibilidad de regreso. Al tiempo de quedar absorto en *samadhi*, como el alma no ha hecho la resolución de regresar, abandona el cuerpo en ese momento. Cuando se abre una botella de agua gasificada, el gas se une al aire exterior produciendo un determinado sonido. De la misma manera, el alma se hace uno con Brahman para siempre. Sólo las encarnaciones divinas pueden mantener sus cuerpos después de alcanzar el *nirvikalpa samadhi*. Siendo conscientes del propósito de su encarnación y manteniendo su resolución, descienden al mundo una y otra vez.

278

Hijos míos, para las encarnaciones divinas no hay distinciones del tipo *nirvikalpa samadhi* ni de estados inferiores o superiores. Las encarnaciones divinas solo tienen algunas limitaciones, que ellas mismas asumen para cumplir con el propósito para el que se han encarnado.

279

Aunque un aspirante espiritual alcance el *nirvikalpa samadhi*, no llega a ser igual a una encarnación divina. La diferencia es como la de una persona que visita Bombay y otra que vive allí de forma permanente. Si se les pregunta si han estado en Bombay alguna vez, los dos dirán que sí, pero el que viva allí tendrá un conocimiento más amplio de la ciudad y sus alrededores.

280

¿Cómo es el estado de *samadhi*? No es felicidad, ni sufrimiento, solo bienaventuranza. No existe un 'yo' o un 'tú'. Se podría comparar con el estado de sueño profundo, pero hay una gran diferencia: en *samadhi* hay plena conciencia, mientras que en el estado de sueño no la hay. Como en el sueño, no hay 'yo', 'tú' o 'nosotros'; sólo cuando despertamos emergen ese 'yo', 'tú' y el mundo y, en nuestra ignorancia, le damos existencia.

281

No es posible describir la experiencia del estado de Brahman. Es una experiencia puramente subjetiva. Aunque utilizáramos experiencias mundanas, sería difícil expresarlo mediante palabras. Suponed que os duele la cabeza, ¿podríais explicar exactamente cómo es el dolor que sentís? Si eso no es posible, ¿cómo lo va a ser el expresar con palabras la experiencia de Brahman? No se puede explicar.

La creación

282

Hijos míos, de la resolución primordial, surgió en Brahman una vibración. De esa vibración proceden las tres *gunas*: *sattva* [bondad, pureza, serenidad], *rajas* [actividad, pasión] y *tamas* [oscuridad, inercia, ignorancia]. Se las representa como la Trinidad formada por Brahma, Vishnu y Shiva. Los tres están en nuestro interior. Todo lo que vemos existiendo en el Universo, existe dentro de nosotros mismos.

283

En el plano relativo, el Ser es tanto el alma individual como el Ser Supremo. El alma individual es la que goza con el fruto de su *karma* [acciones]. El Ser Supremo es la conciencia testigo. No hace nada, pues es inactiva.

284

Sólo cuando *maya* (ilusión) existe, hay un Dios. Cuando trascendemos *maya* mediante constante práctica espiritual, alcanzamos el estado de *Brahman*. En ese estado, no existe ningún vestigio de *maya*.

285

Hijos míos, *mithya* no significa no-existente, sino siempre-cambiante. Por ejemplo, el grano de trigo se transforma en harina y ésta en pan. La forma cambia, pero la sustancia no se extingue.

286

Aunque la playa esté muy sucia, gozamos con la belleza del mar. La mente no se detiene en la basura. De igual modo, cuando la mente se fija en Dios, no se deja atrapar por *maya*.

287

Podemos considerar insignificante una aguja porque es barata, pero el valor de un objeto no se determina por su precio, sino por su uso. Amma no considera que la aguja sea algo trivial. De cualquier objeto tenemos que valorar su uso y no su precio. Si viéramos las cosas de esa manera, nada sería insignificante.

288

Algunos sostienen que la creación no ha tenido lugar. Mientras dormimos no sabemos nada. Durante el sueño no hay hoy, mañana, yo, tú, esposa, hijo, cuerpo, etc. Este es un ejemplo para mostrar que Brahman todavía existe sólo como Brahman. El sentimiento de "yo" y "lo mío" es el origen de todos nuestros problemas. Alguien se puede preguntar: ¿Acaso no hay un ente que disfruta del sueño y, al despertar, dice: "He dormido bien"? Pero si decimos que hemos dormido bien es por la satisfacción y el bienestar que siente el cuerpo tras dormir, y no porque el "yo" estuviera presente.

Racionalismo

289

Hijos míos, porque haya disputas entre religiosos fanáticos, ¿es lógico decir que los templos y lugares de adoración son innecesarios? ¿Argumentarían esas personas de igual manera diciendo que los médicos y los hospitales son innecesarios porque unos cuantos médicos se hayan equivocado? Desde luego que no. Lo que hay que eliminar son los conflictos religiosos, no los templos de Dios.

290

En el pasado, los racionalistas amaban a la gente, pero ¿qué sucede ahora? Presumen de ser racionalistas e inflan su ego, creando problemas a los demás. El auténtico racionalista es aquel que se dedica a los principios de la verdad y ama a los otros, aun arriesgando su propia vida. Dios se inclina ante una persona así. ¿Cuántos racionalistas auténticos hay actualmente?

291

Cuando un creyente desarrolla devoción y reverencia, también se desarrollan en él cualidades como el amor, la verdad, la compasión, la rectitud y la justicia. Cualquiera que se acerque a él sentirá consuelo y paz. Este es el verdadero beneficio que el mundo obtiene de un creyente en Dios. Sin embargo, los racionalistas actuales no estudian adecuadamente las Escrituras, se basan en unas cuantas ideas de algunos libros y crean conflictos. Por ese motivo, la Madre dice que el racionalismo actual prepara el camino para la caída.

Naturaleza

292

Las acciones del ser humano condicionan la gracia que nos dispensa la naturaleza.

293

Hijos míos, la naturaleza es un libro para ser estudiado, cada objeto de la naturaleza es una página de ese libro.

293

Los aspirantes espirituales utilizan la energía de la naturaleza para meditar, alimentarse y otros muchos propósitos. Al menos, el diez por ciento de los recursos energéticos que obtenemos de la naturaleza, deberíamos dedicarlos para ayudar a los demás. De otro modo, ¿de qué sirve esta vida?

Hijos, recordad también...

295

Hijos míos, no deberíamos enfadarnos con las personas que actúan incorrectamente. Nuestra enojo, en el caso de que exista, debería dirigirse hacia sus acciones, y no hacia ellos.

296

Hijos míos, comed para vivir, dormid para despertar.

297

Hijos míos, la meta de la vida es la Auto Realización. Esforzaos por conseguirla. Si tenéis una herida, le aplicáis un remedio después de limpiarla de toda suciedad. De otro modo, la herida se infecta y no curará. Del mismo modo, el ego debe ser eliminado con las aguas de la devoción y entonces se aplica el conocimiento. Sólo entonces nos volveremos afables.

298

Procedemos de Dios. Tenemos una leve conciencia de ello, pero esa conciencia debería ser total y completa.

299

Gracias al estiércol muchas plantas dan hermosas y fragantes flores. De igual modo, sacando fuerza de las pruebas y adversidades de la vida, crecemos en grandeza.

300

Muchas personas a nuestro alrededor luchan por tener una vivienda digna, ropa, comida o atenciones médicas. Con el dinero que gastamos en tabaco durante un año, podríamos construir una pequeña vivienda para una persona sin hogar. Cuando desarrollamos compasión hacia los pobres, desaparece nuestro egoísmo. No perdemos nada; más bien al contrario, obtenemos satisfacción con la felicidad de los demás. Cuando nos liberamos de nuestro egoísmo, estamos preparados para recibir la Gracia de Dios.

301

Hijos míos, sólo el que ha estudiado puede enseñar. Sólo el que tiene puede dar. Sólo el que está totalmente libre de sufrimiento puede liberar a los demás completamente del sufrimiento.

302

Cada lugar tiene un corazón en el que se concentra toda la energía. En este sentido, la India es el corazón del mundo. El *Sanatana Dharma* [la religión eterna] que se originó aquí, en la India, es el origen de todos los demás senderos. Cuando oímos la misma palabra '*Bharatam*' [India], sentimos el pulso de la paz, la belleza y la luz. La razón estriba en que la India es la tierra de los *mahatmas*.

175

Ellos son los que transmiten la fuerza vital, no solo a la India, sino al mundo entero.

304

La conciencia de Dios impregna la brisa fresca, la inmensidad del cielo, la belleza de la luna llena, a todos los seres y a todas cosas. Llegar a realizar esta visión es la meta de la vida humana. En esta Kali Yuga, un grupo de jóvenes, sacrificándolo todo, irán por todo el mundo expandiendo la gloria de la espiritualidad.

305

Hijos míos, mirad al cielo. Sed como ese inmenso cielo, pacíficos y abiertos a toda la naturaleza.

Glosario

Avatar: 'Descenso.' Una encarnación de la Divinidad. El objetivo de una encarnación divina es la de proteger el bien, destruir el mal, restaurar la rectitud en el mundo, y conducir a la humanidad hacia la meta de la Auto Realización. Es muy raro que una encarnación descienda totalmente (*Purnavatar*).

Bhakti: Devoción.

Bhakti yoga: 'Unión a través de *bhakti*.' El camino del amor y la devoción. El medio para alcanzar la Auto Realización a través de la devoción y la completa entrega a Dios.

Bhajan: Canto devocional.

Brahmacharia: 'Permanencia en Brahman.' Celibato y disciplina de la mente y los sentidos.

Brahma Sutras: Aforismos del sabio Bhadarayana (Veda Vyasa) que explican la filosofía vedántica.

Dharma: 'Aquello que sostiene al universo.' *Dharma* tiene muchos significados, incluyendo la ley divina, la ley de la existencia de acuerdo con la armonía divina, la rectitud, la religión, el deber, la responsabilidad, la virtud, la justicia, la bondad y la verdad. *Dharma* significa los principios básicos de la religión. El *dharma* último de un ser humano es llegar a realizar su propia e innata divinidad.

Diksha: Iniciación.

Ekadasi: Undécimo día del mes lunar.

Guna: Naturaleza primordial [*prakriti*] formada por tres *gunas*, es decir las cualidades fundamentales, tendencias o tensiones que subyacen en toda manifestación: *sattva*, *rajas* y *tamas*. Estas tres *gunas* actúan continuamente y reaccionan entre sí. El mundo fenoménico está compuesto por diferentes combinaciones de estas tres *gunas*.

Gurú: 'Aquel que elimina la oscuridad de la ignorancia.' Maestro espiritual, guía.

Japa: La repetición de un *mantra*.

Jnana yoga: 'Unión a través de *jnana*.' El camino del Conocimiento. Conocimiento del Ser y de la verdadera naturaleza del mundo. Supone un profundo y sincero estudio de las sagradas Escrituras, desapego (*vairagya*), discernimiento (*viveka*), meditación, y el método intelectual de auto-preguntarse ('¿Quién / Qué soy 'yo'?) así como la afirmación ('Yo soy Brahman'), que se utilizan para destruir la ilusión de *maya* y alcanzar la Realización de Dios.

Karma yoga: 'Unión a través de la acción.' El camino espiritual del desapego, del servicio desinteresado y del ofrecimiento de todos los frutos de nuestras acciones a Dios.

Krishna: 'Aquel que nos atrae hacia él mismo', 'El de Tez Oscura'. La principal encarnación de Vishnu, Dios bajo su aspecto de Preservador. Nació en el seno de una familia real, pero creció con sus padres adoptivos y vivió en Vrindavan como pastor de vacas, donde fue amado y reverenciado por sus devotos compañeros, los gopis y las gopas. Krishna llegó a ser el gobernador de Dwaraka. Fue amigo y consejero de sus primos, los Pandavas, especialmente de Arjuna, a quien reveló sus enseñanzas a través de la *Bhagavad Gita*.

Mahatma: 'Alma grande.' Cuando Amma utiliza la palabra '*mahatma*' se está refiriendo a un ser Auto Realizado.

Mala: Rosario, usualmente hecho de semillas de rudraksha, madera de tulasi o de sándalo.

Mantra: Fórmula sagrada u oración. A través de su constante repetición, despierta en el buscador su fuerza espiritual latente y le ayuda a alcanzar la meta. Es más efectiva si se recibe de un auténtico maestro espiritual.

Narasimha: El divino hombre-león. Una encarnación parcial de Vishnu.

Ojas: Energía sexual transmutada en sutil energía vital por medio de la práctica espiritual del celibato.

Pranayama: Control de la mente a través del control de la respiración.

Rishi: *Rsi* = conocer. Vidente Auto Realizado. Generalmente nos referimos a los siete *rishis* de la antigua India: almas Auto Realizadas que podían 'ver' la Suprema Verdad y expresar su visión por medio de los textos de los Vedas.

Samadhi: *Sam* = con, *adhi* = el Señor. Unidad con Dios. Un estado de profunda concentración en el que todos los pensamientos se calman, la mente entra en un estado de completa quietud en el que sólo la Pura

Conciencia permanece, mientras se mora en el *Atman* (el Ser).

Samskara: *Samskara* tiene dos significados: La totalidad de impresiones grabadas en la mente por experiencias (de esta o anteriores vidas), que inciden en la vida de un ser humano, en su naturaleza, acciones, estado mental, etc. La pequeña llama interior del correcto entendimiento (conocimiento), que nos conduce a un refinamiento del carácter personal.

Sannyasin o sannyasini: Un monje o monja que ha hecho votos formales de renuncia. Tradicionalmente, un sannyasin lleva ropas de color ocre que representan la destrucción en el fuego de todo apego.

Satgurú: Un maestro espiritual Auto Realizado.

Satsang: *sat* = verdad, estar; *sanga* = asociación con. Estar en compañía de un ser sagrado, sabio y virtuoso. También un discurso espiritual dado por un sabio o erudito.

Srimad Bhagavatam: Una de las dieciocho escrituras conocidas como las Puranas, que describen las encarnaciones del Señor Vishnu, incluyendo su infancia. Pone gran énfasis en el camino de la devoción.

Tamas: Oscuridad, inercia, apatía, ignorancia. *Tamas* es una de las tres *gunas* o cualidades fundamentales de la naturaleza.

Tapas: 'Calor.' Auto-disciplina, austeridades, penitencia y auto-sacrificio. Prácticas espirituales en las que quemamos todas las impurezas de la mente.

Vasana: *Vas* = viviendo, permaneciendo. Los *vasanas* son las tendencias latentes o deseos sutiles internos de la mente que tienden a manifestarse por medio de la acción y los hábitos. Los *vasanas* son los resultados que obtenemos de impresiones de experiencias [*samskaras*] que existen en el subconsciente.

Yoga: 'Unir.' Una serie de métodos por medio de los cuales podemos alcanzar la unidad con lo Divino. Un camino que conduce a la Auto Realización.

Yogui: Alguien comprometido con la práctica de yoga o que está establecido en la unidad del Espíritu Supremo.

www.ingramcontent.com/pod-product-compliance
Lightning Source LLC
LaVergne TN
LVHW051736080426
835511LV00018B/3098